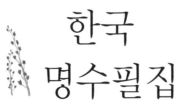

한국
명수필집

와이 앤 엠

차례

한국
명수필집

와이 앤 엠

가난한 날의 행복 ─ 김소운

먹을 만큼 살게 되면 지난 날의 가난을 잊어버리는 것이 인지상정인가 보다.

가난은 결코 환영할 것이 못 되니, 빨리 잊을수록 좋을 것일지도 모른다.

그러나 가난하고 어려웠던 생활에도 아침 이슬같이 반짝이는 아름다운 회상이 있다.

여기에 적는 세 쌍의 가난한 부부 이야기는 이미 지나간 옛날이야기지만, 내게 언제나 새로운 감동을 안겨다 주는 실화들이다.

그들은 가난한 신혼부부였다. 보통의 경우라면, 남편이 직장으로 나가고 아내는 집에서 살림을 하겠지만, 그들은 반대였다.

남편은 실직으로 집안에 있고, 아내는 집에서 가까운 어느 회사에 다니고 있었다.

어느 날 아침, 쌀이 떨어져서 아내는 아침을 굶고 출근했다.

"어떻게든지 변통을 해서 점심을 지어 놓을 테니, 그때까지만 참으오."

출근하는 아내에게 남편은 이렇게 말했다. 마침내 점심 시간이 되어서 아내가 집에 돌아와 보니,

남편은 보이지 않고, 방 안에는 신문지로 덮인 밥이 놓여 있었다. 아내는 조용히 신문지를 걷었다.

따뜻한 밥 한 그릇과 간장 한 종지.... 쌀은 어떻게 구했지만, 찬까지는 마련할 수 없었던 모양이다.

아내는 수저를 들려고 하다가 문득 상 위에 놓인 쪽지를 보았다.

"왕후의 밥, 걸인의 찬.....이걸로 우선 시장기만 속여

두오."

낯익은 남편의 글씨였다. 순간, 아내는 눈물이 핑 돌았다. 왕후가 된 것보다도 행복했다. 만금을 주고도 살 수 없는 행복감에 가슴이 부풀었다.

다음은 어느 시인 내외의 젊은 시절 이야기다. 역시 가난한 부부였다.

어느 날 아침, 남편은 세수를 하고 들어와 아침상을 기다리고 있었다. 그때, 시인의 아내가 쟁반에다 삶은 고구마 몇 개를 담아 들고 들어왔다.

"햇고구마가 하도 맛있다고 아랫집에서 그러기에 우리도 좀 사왔어요, 맛이나 보셔요."

남편은 본래 고구마를 좋아하지도 않는데다가 식전에 그런 것을 먹는 게 뭔지 부담스럽게 느껴졌지만, 아내를 대접하는 뜻에서 그 중 제일 작은 놈을 하나 골라 먹었다. 그리고 쟁반 위에 함께 놓인 홍차를 들었다.

"하나면 정이 안 간대요. 한 개만 더 드셔요."

아내는 웃으면서 또 이렇게 권했다. 남편은 마지못해 또 한 개를 집었다.

어느새 밖에 나갈 시간이 가까워졌다.

남편은,

"인제 나가 봐야겠소. 밥상을 들여요."

하고 재촉했다.

"지금 잡숫고 있잖아요. 이 고구마가 오늘 우리 아침밥이어요."

"뭐요?"

남편은 비로소 집에 쌀이 떨어진 줄을 알고, 무안하고 미안한 생각에 일굴이 화끈했다.

"쌀이 없으면 없다고 왜 좀 미리 말을 못하는 거요? 사내 봉변을 시켜도 유분수지."

뿌루퉁해서 한 마디 쏘아붙이자, 아내가 대답했다.

"저의 작은 아버님이 장관이셔요. 어디를 가면 쌀 한 가마가 없겠어요? 하지만, 긴긴 인생에 이런 일도 있어야 늙어서 얘깃거리가 되잖아요."

잔잔한 미소를 지으면서 이렇게 말하는 아내 앞에, 남편은 묵연할 수밖에 없었다. 그러면서도 가슴 속에는 형언못할 행복감이 밀물처럼 밀려왔다.

다음은 어느 중로의 여인에게서 들은 이야기다.

여인이 젊었을 때였다. 남편이 거듭 사업에 실패하자, 이들 내외는 갑자기 가난 속에 빠지고 말았다. 남편은 다시 일어나 사과 장사를 시작했다.

서울에서 사과를 싣고 춘천에 갔다 넘기면 다소의 이윤이 생겼다.

그런데 한번은, 춘천으로 떠난 남편이 이틀이 되고 사흘이 되어도 돌아오지를 않았다. 제 날로 돌아오기는 어렵지만, 이틀째에는 틀림없이 돌아오는 남편이었다.

아내는 기다리다 못해 닷새째 되는 날, 남편을 찾아 춘천으로 떠났다.

"춘천에만 닿으면 만나려니 했지요. 춘천을 손바닥만하게 알았나 봐요. 정말 막막하더군요. 하는 수 없이 여관을 뒤졌지요. 여관이란 여관은 모조리 다 뒤졌지만, 그이는 없었어요. 하룻밤을 여관에서 뜬눈으로 새웠지요. 이튿날 아침, 문득 그이의 친한 친구 한 분이 도청에 계시다는 생각이 나서, 그분을 찾아 나섰지요. 가는 길에 혹시나 하고 정거장에 들러봤더니...."

매표구 앞에 늘어선 줄 속에 남편이 서 있었다. 아내는 너무 반갑고 민망스러워 말이 나오지 않았다.

트럭에다 사과를 싣고 춘천으로 떠난 남편은 가는 길에 사람을 몇 태웠다고 했다.

그들이 사과 가마니를 깔고 앉는 바람에 사과가 상해서 제값을 받을 수 없었다. 남편은 도저히 손해를 보아서는 안 될 처지였기에 친구의 집에 기숙하면서, 시장 옆에 자리를 구해 사과 소매를 시작했다. 그래서 어젯밤 늦게서야 겨우 다 팔 수 있었다는 것이다.

전보도 옳게 제 구실 못하던 8.15 직후였으니....

함께 춘천을 떠나 서울로 향하는 차 속에서 남편은 아내의 손을 꼭 쥐었다.

그때만 해도 세 시간 남아 걸리던 경춘선, 남편은 한 번도 그 손을 놓지 않았다. 아내는 한 손을 남편에게 맡긴 채 너무도 너무도 행복해서 황홀에 잠길 뿐이었다.

그 남편은 그러나 6 · 25 때 죽었다고 한다.

여인은 어린 자녀들을 이끌고 모진 세파와 싸우지 않으면 안 되었다.

"이제 아이들도 다 커서 대학엘 다니고 있으니, 그이에게 조금은 면목이 선 것도 같아요. 제가 지금까지 살아올 수 있었던 것은, 춘천서 서울까지 손을 놓지 않았던 그이의 손길, 그것 때문일지도 모르지요."

여인은 조용히 웃으면서 이렇게 말을 맺었다.

지난 날의 가난은 잊지 않는 것이 좋겠다. 더구나 그 속에 빛나던 사랑만은 잊지 않는 게 좋겠다.' 행복은 반드시 부와 일치하지 않는다.' 는 말은 결코 진부한 한편의 경구만은 아니다.

미운 간호부 — 주요섭

어제 S병원 전염병실에서 본 일이다.

A라는 소녀, 7, 8세밖에 안 된 귀여운 소녀가 죽어 나갔다. 적리로 하루는 집에서 앓고, 그 다음날 하루는 병원에서 앓고, 그리고 그 다음날 오후에는 시체실로 떠메어 나갔다. 사흘 밤낮을 지키고 앉아 있었던 어머니는 아이가 운명하는 것을 보고, 죽은 애 아버지를 부르러 집에 다녀왔다.

그동안 죽은 애는 이미 시체실로 옮겨가 있었다. 부모는 간호부더러 시체실을 가리켜 달라고 청하였다.

"시체실은 쇠 다 채우고 아무도 없으니까, 가 보실 필요가 없어요."

하고 간호부는 톡 쏘아 말하였다. 퍽 싫증난 듯한 목소리였다.

"아니, 그 애를 혼자 두고 방에 쇠를 채워요?"

하고 묻는 아이 어머니의 목소리는 떨리었다.

"죽은 애 혼자 두면 어때요?"

하고 다시 톡 쏘는 간호부의 목소리는 얼음같이 싸늘하였다. 이야기는 간단히 이것이다.

그러나 나는 그때 몸서리쳐짐을 금할 수가 없었다.

'죽은 애를 혼자 둔들 어떠리!'

사실인즉 그렇다. 그러나 그것을 염려하는 어머니의 심정! 이 숭고한 감정에 동정할 줄 모르는 간호부가 나는 미웠다. 그렇게까지도 간호부는 기계화되었는가?

나는 문명한 기계보다도 야만인 인생을 더 사랑한다. 과학적으로 볼 때, 죽은 애를 혼자 두는 것이 조금도 틀릴 것이 없다. 그러나 어머니로서 볼 때에는... 더 써서 무엇하랴? 어머니를 이해하지 못하고, 동정할 줄 모르는 간호부! 그의 과학적 냉정이 나는 몹시도 미웠다.

과학 문명이 앞으로 더욱 발달되어 인류 전체가 모두 다 '냉정한 과학자'가 되어 버리는 날에 이른다면... 나는 그 것을 상상하기에만도 소름이 끼친다.

정! 그것은 인류 최고 과학을 초월하는 생의 향기이다.

구두 ― 계용묵

구두 수선을 주었더니, 뒤축에다가 어지간히는 큰 징을 한 개씩 박아 놓았다. 보기가 흉해서 빼어 버리라고 하였더니, 그런 징이래야 한동안 신게 되구, 무엇이 어쩌구 하며 수다를 피는 소리가 듣기 싫어 그대로 신기는 신었으나, 점잖지 못하게 저벅저벅, 그 징이 땅바닥에 부딪치는 금속성 소리가 심히 귀맛에 역했다. 더욱이, 시멘트 포도의 딴딴한 바닥에 부딪쳐 낼 때의 그 음향이란 정말 질색이었다. 또그닥또그닥, 이건 흡사 사람은 아닌 말발굽 소리다.

어느 날 초으스름이었다.

좀 바쁜 일이 있어 창경원 곁담을 끼고 걸어 내려오노라
니까, 앞에서 걸어가던 이십 내외의 어떤 한 젊은 여자가
이 이상히 또그닥거리는 구두 소리에 안심이 되지 않는
모양으로, 슬쩍 고개를 돌려 또그닥 소리의 주인공을 물
색하고 나더니, 별안간 걸음이 빨라진다. 그러는 걸 나는
그저 그러는가 보다 하고, 내가 걸어야 할 길만 그대로 걷
고 있었더니, 얼마큼 가다가 이 여자는 또 뒤를 한번 힐끗
돌아다본다. 그리고 자기와 나와의 거리가 불과 지척 사
이임을 알고는 빨라지는 걸음이 보통이 아니었다. 뛰다
싶은 걸음으로 치맛귀가 웅어하게 내닫는다.

나의 그 또그닥거리는 구두 소리는 분명 자기를 위협하
느라고 일부러 그렇게 따악딱 땅바닥을 박아 내며 걷는
줄로만 아는 모양이다.

그러나 이 여자더러, 내 구두 소리는 그건 자연이요, 인
위가 아니니 안심하라고 일러 드릴 수도 없는 일이고, 그
렇다고 어서 가야 할 길을 아니 갈 수도 없는 일이고 해
서, 나는 그 순간 좀더 걸음을 빨리하여 이 여자를 뒤로
떨어뜨림으로 공포에의 안심을 주려고 한층 더 걸음에 박

차를 가했더니, 그럴 게 아니었다. 도리어, 이것이 이 여자로 하여금 위협이 되는 것이었다.

내 구두 소리가 또그닥또그닥, 좀더 재어지자 이에 호응하여 또각또각, 굽 높은 뒤축이 어쩔 바를 모르고 걸음과 싸우며 유난히도 몸을 일어내는 그 분주함이란, 있는 마력은 다 내 보는 동작에 틀림없었다.

그리하여 또그닥또그닥 ,또각또각, 한참 석양 놀이 내려 퍼지기 시작하는 인적 드문 포도 위에서 이 두 음향의 속 모르는 싸움은 자못 그 절정에 달하고 있었다. 나는 이 여자의 뒤를 거의 다 따랐던 것이다. 2, 3 보만 더 내어 디디면 앞으로 나서게 될 그럴 계제였다.

그러나 이 여자 역시 힘을 다하는 걸음이었다. 그 2. 3 보라는 것도 그리 용이히 따라지지 않았다. 한참 내 발부리에도 풍진이 일었는데, 거기서 이 여자는 뚫어진 옆 골목으로 살짝 빠져 들어선다. 다행한 일이었다.

한숨이 나간다. 이 여자도 한숨이 나갔을 것이다. 기웃해 보니, 기다랗게 뚫린 골목으로 이 여자는 휑하니 내딛는다. 이 골목 안이 저의 집인지, 혹은 나를 피하느라고 빠져 들어갔는지, 그것은 알 바 없으나, 나로서 이 여자가 나를 불량배로 영원히 알고 있을 것임이 서글픈 일이다.

여자는 왜 그리 남자를 믿지 못하는 것일까. 여자를 대하자면 남자는 구두 소리에까지도 세심한 주의를 가져야 점잖다는 대우를 받게 되는 것이라면, 이건 이성에 대한 모욕이 아닐까 생각을 하며, 나는 그 다음으로 그 구두징을 뽑아 버렸거니와 살아가노라면 별한 데다가 다 신경을 써가며 살아야 되는 것이 사람임을 알았다.

그믐날 — 김상용

연말이 되니, 외상값이 마마 돋듯 한다. 고슴도치는 제가 좋아서 외를 진다. 그러나 그는 심성이 원래 지기를 좋아해서 빚을 진 것은 아니다. 굳이 결벽을 지켜보고도 싶어 하는 그다. 그러나 벽도 운이 있어야 지키는 것- 한데 운이란 원래 팔자소관이라 맘대로 못하는 게다. 그도 어쩌다 빚질 운을 타고났을 뿐이다.

"이 달은 섣달입니다. 이 달엔 끊어 줍쇼." 한다.

언즉시야다. 정월서 열두 달이 갔으니 섣달도 됐을 게다. 섣달에 청장하는 법쯤이야. 근들 모를 리야 있겠느냐?

또한 "줍쇼 줍쇼." 하는 친구들도 꼭 좋아서 이런 귀찮은 소리를 외며 다닐 것은 아니다. 그들도 받을 것은 받아야 저도 살고, 남에게 줄 것도 줄 게 아닌가? 듣고 보면 그들에게도 눈물겨운 사정이 있을 적도 많다. 그러나 손에 푼전에 없을 때 이러한 이해성은 수포밖에 될 것이 없다.

정도 그러하고 의도 역시 그러하나, 현실의 얼음은 풀릴 줄을 모르고 그의 딜레마엔 비애의 구름이 가린다.

"물론 주지, 그믐날 줄 게니 집으로 오소." 하였다.

그는 이 순간 감히 물론을 '주지' 위에 붙일 정도로 돈키호테가 되었다. 그러나 이 '물론'이 전연 영에서 출발한 물론은 아니다. 그도 4년 전에 50원 하나를 어느 친구에게 꿔준 일이 있다.

딱한 사정을 듣고 나서 "무슨 방도로라도 그믐께쯤은 갚아드리리다." 하는 답이었다. 이것이 그에게 '물론'을 내뱉게 한 것이다. 그러나 그에게서 빚을 얻고 그 빚을 4년이나 못 갚았다면, 그 친구의 실력도 짐작할 만하다.

이런 때의 문제는 실력이지, 성의 유무가 아니다. 들어

올 가능성 1에 못 들어올 확실성이 9쯤 된다.

이런 것을 믿다니.... 과연 어리석지 아니한가? 그도 산술 시험에 70점을 맞아 본 수재다. 그만 총명으로 이 믿음의 어리석음을 모를 리가 없다. 말하자면 그는 이 어리석음을 자취한데 불과하다.

이런 때 떠내려오는 지푸라기를 안 잡는댔자. 별 도리가 없기 때문이다.

하여튼 그는 '그믐'이란 안질 환자의 파리채로 빚쟁이들을 쫓아버렸다.

이마를 만져보니 식은땀이 축축하다. 하늘은 선악인의 지붕을 택치 않고 우로를 내려 준다. 게까지는 고마운 일이다. 그러나 채의 권무를 가리지 않고 '그믐'을 함께 보내심은 항혜가 지나쳐 원망의 눈물이 흐른다. 마침내 빚쟁이들에게 '줍쇼' 날이 오는 날, 그에겐 주어야 할 '그믐날'이 오고 말았다. 이때 기다리는 50원이 나 여기 있소 하면야 근심이 무에랴?

그러나 스무 아흐렛날이나 그믐이 돼도 들어와야 할 50원은 어느 골목에서 길을 잘못 들었는지 종내 찾아들 줄을 모른다. 그에겐 "물론 주지! 그믐날 집으로 오소." 한 기억이 반갑지 못한 총명 덕에 아직도 새파랗다.

"집으로 오소" 해놓았는지라. 빚쟁이들이 다행 일터까지는 달려들지 않는다. 평온한 하루 속에 일이 끝났다. 일이 끝났으니 갈 게 아니냐? 제대로 가자면 그믐날도 되고 하니 일찌감치 집으로 돌아가야 할 게다. 그러나 천만에..... 이런 때 집으로 가는 건 맨대가리로 말라리아 모기 둥지를 받는 것과 똑 마찬가지다.

그는 오며오며 만책을 생각해 본다. 생각해 봐야 다방 순례밖에 타계가 없다. 가장 염가의 호신피난법이다.

그러나 군자는? 그는 다 떨어진 양복 주머니에 SOS를 타전한다. 일금 30전야유의 보첩! 절처봉생은 만고에 빛날 옥구다.

그는 다방 문을 연다. 보이의 "드럽쇼!" 소리가 들려왔다. 그는 이 소리에 대해 모자를 벗지 아니할 정도로 오만하다. 30전 군자는 그에게 이만한 오만을 가질 권리를 준 것이다. 차 한 잔을 앞에 놓고 활동 화보나 들치며, 세 시간을 있어도, 여섯 시간을 있어도 당당한 이 집의 손님이다. 그는 우선 거미줄 같은 니코틴 망 속에 무수한 삶은 문어 대가리를 보았다. 그는 그들을 비예하며 점잖게 좌를 정해 본다. 한 푼에 투매되는 샤리아핀의 '볼가의 뱃노래'는 그 정취가 과도로 애수적이다.

그는 커피 한 잔을 명하였다. 얼마 아니해 탁 위에 놓여진다.

"오-거룩하신 커핏잔." 하고 그의 기도는 시작된다. 어서 염라대왕이 되사, 이 하루를 옭아가 주소서 하는 애원이다. 어쨌든 그의 군자가 핍진키 전에 그는 이날 하루를 착살해야 할 엄훈하에 있다.

겨울밤이 열 시 반이면 밤도 어지간히 깊었다. 그는 이 사막에서 새 오아시스를 찾노라, 30필의 낙타를 다 잃은 대상의 신세다. 그는 지금 가진 것을 다 버린 가장 성결한 처지에 있다.

"지금까지야 설마 기다리랴?"

"지금 또야 오랴?"

비로소 안도의 성이 심장을 두른다. 거리의 찬바람이 휘- 지날 때, 그는 의미 모를 뜨거운 두 줄을 뺨에 느꼈다. 누가 그의 왼볼을 치면, 그는 진심으로 그의 바른 볼을 제공했으리라.

문간을 들어서자,

"오늘은 꼭 받아야겠다고 다섯 사람이나 기다리다 갔소"

한다.

이건 누굴 숙맥으로 아나, 말 안하면 모를 줄 아나 봐, 대꾸를 하고도 싶다. 그러나 부엌을 바라보자마자 그의 배가 와락 고파진 이때, 그에겐 그 말을 할 만한 여력이 없다. 그는 꽁무니를 뒷마루에 내던졌다. 그리고 맥풀린 손으로 신발 끈을 끄르려 한 이때다. 바로 이때다. 바로 이때,

"참 아까 50원 가져왔습니다." 한다.

귀야. 믿어라! 이 어인 하늘의 음성이나?

이럴 때 아니 휘둥그레지면 그의 눈이 아니다.

자― 기적이다! 기적을 믿어라. 이게 기적이 아니고 무엇이냐? 그래도 기적이 없다는 놈에겐 자자손손 앙화가 내려야 한다. 오! 고마우신 기적의 50원!

열한 시가 다 뭐냐? 새로 한 시 아냐, 세 시라도 좋다. 50원아! 가자, 감금된 청백고결을 구하러, 50원, 십자군

의 행군을 어서 떠나자!

어느 놈이고 올 놈은 오라. 그래, 너희들이 받을 게 얼마냐? 주마 한 그믐날이다. 주다뿐일까, 장부의 일언을 천금 주어 바꿀 줄 아는가?

그에겐 지금 공복도 피로도 없다. 포도를 울리는 그의 낡은 구두는 개선장군의 발굽보다 우렁차다. S상점의 문을 두드린다. 아무 대답이 없다.

고연놈들! 벌써 문을 닫다니..... 받을 것도 안 받고 벌써 문을 닫았어, 고연놈들!

"문 열우." 하고 또 문을 두드린다.

"누구십니까?"

한참만에야 문이 열렸다.

"내요. 돈 받으소, 아까 왔더라는 걸. 어~ 마침 친구에게 붙들려서...... "

하하, 친구에게 붙들리면 어쩔 수가 없거든......

"그렸습죠! 하하."

"줍쇼."

때에 비해 그의 음성은 간지러울 정도로 보드랍다.

"어~ 한데 사람이란 준다는 날은 줘야지! 그렇지 않소. 어~ 한데, 모두 얼마더라......."

S상점의 셈을 마치고 다시 개선장군의 말굽 소리를 내며 그는 다음 상점을 찾아가는 것이다.

낙엽을 태우면서 — 이효석

가을이 깊어지면, 나는 거의 매일 같이 뜰의 낙엽을 긁어모으지 않으면 안 된다. 날마다 하는 일이건만, 낙엽은 어느덧 날고 떨어져서 또 다시 쌓이는 것이다. 낙엽이란 참으로 이 세상의 사람의 수효보다도 많은가 보다. 삼십여 평에 차지 못하는 뜰이건만, 날마다의 시중이 조련치 않다

벚나무, 능금나무 — 제일 귀찮은 것이 벽의 담쟁이다. 담쟁이란 여름 한철 벽을 온통 둘러싸고 지붕과 굴뚝의 붉은 빛난 남기고 집안을 통째로 초록의 세상으로 변해

줄 때가 아름다운 것이지, 잎을 다 떨어뜨리고 앙상하게 드러난 벽에 메마른 줄기를 그물같이 둘러칠 때쯤에는 벌써 다시 거들떠 볼 값조차 없는 것이다. 귀찮은 것이 그 낙엽이다. 가령 벚나무 잎같이 신선하게 단풍이 드는 것도 아니요. 처음부터 칙칙한 색으로 물들어 재치 없는 그 넓은 잎이 지름길 위에 떨어져 비라도 맞고 나면 지저분하게 흙 속에 묻히는 까닭에, 아무래도 날아 떨어지는 족족 그 뒷시중을 해야 된다.

벚나무 아래에 긁어모은 낙엽의 산더미를 모으고 불을 붙이면, 속엣 것부터 푸슥푸슥 타기 시작해서, 가는 연기가 피어오르고, 바람이나 없는 날이면, 그 연기가 낮게 드리워서, 어느덧 뜰 안에 가득히 담겨진다.

낙엽 타는 냄새같이 좋은 것이 있을까. 갓 볶아낸 커피의 냄새가 난다. 잘 익은 개암 냄새가 난다. 갈퀴를 손에 들고는 어느 때까지든지 연기 속에 우뚝 서서, 타서 흩어지는 낙엽의 산더미를 바라보며, 향기로운 냄새를 맡고 있노라면, 별안간 맹렬한 생활의 의욕을 느끼게 된다. 연기는 몸에 배서 어느 결엔지 옷자락과 손등에서도 냄새가 나게 된다.

 나는 그 냄새를 한없이 사랑하면서 즐거운 생활감에 잠겨서는 새삼스럽게 생활의 제목을 진귀한 것으로 머릿속에 떠올린다. 음영과 윤택과 색채가 빈곤해지고 초록이 전혀 그 자취를 감추어 버린 꿈을 잃은 허전한 뜰 복판에 서서, 꿈의 껍질인 낙엽을 태우면서 오로지 생활의 상념에 잠기는 것이다.

 가난한 벌거숭이의 뜰은 벌써 꿈을 꾸기에는 적당하지 않은 탓일까? 화려한 초록의 기억은 참으로 멀리 까마득하게 사라져 버렸다. 벌써 추억에 잠기고 감상에 젖어서는 안 된다.

 가을이다! 가을은 생활의 계절이다. 나는 화단의 뒷자리를 깊게 파고 다 타버린 낙엽의 재를 - 죽어 버린 꿈의 시체를- 땅 속 깊이 파묻고, 엄연한 생활의 자세로 돌아서지 않으면 안 된다. 이야기 속의 소년같이 용감해 지지 않으면 안 된다.

 전에 없이 손수 목욕물을 긷고, 혼자 불을 지피게 되는 것도, 물론 이런 감격에서부터다. 호스로 목욕통에 물을 대는 것도 즐겁거니와, 고생스럽게 눈물을 흘리면서 조그만 아궁이로 나무를 태우는 것도 기쁘다. 어두컴컴한 부엌에 웅크리고 앉아서, 새빨갛게 피어오르는 불꽃을 어린아이의 감동을 가지고 바라본다.

어둠을 배경으로 하고 새빨갛게 타오르는 불은 그 무슨 신성하고 신령스런 물건 같다. 얼굴을 붉게 태우면서 긴장된 자세로 웅크리고 앉아 있는 내 꼴은 흡사, 그 귀중한 선물을 프로메테우스에게서 막 받았을 때의 그 태고적 원시의 그것과 같을는지 모른다.

나는 새삼스럽게 마음속으로 불의 덕을 찬미하면서, 신화 속 영웅에게 감사의 마음을 바친다. 좀 있으면 목욕실에는 자욱하게 김이 오른다. 안개 깊은 바다의 복판에 잠겼다는 듯이 동화 감정으로 마음을 장식하면서 목욕물 속에 전신을 깊숙이 잠글 때 바로 천국에 있는 듯한 느낌이 난다.

지상 천국은 별다른 곳이 아니라, 늘 들어가는 집안의 목욕실이 바로 그것인 것이다. 사람은 물에서 나서 결국 물

속에서 천국을 구하는 것이 아닐까?

 물과 불과 ─ 이 두 가지 속에 생활은 요약된다. 시절의 의욕이 가장 강렬하게 나타나는 것은 두 가지에 있어서다. 어느 시절이나 다 같은 것이기는 하나. 가을부터의 절기가 가장 생활적인 까닭은, 무엇보다도 이 두 가지의 원소의 즐거운 인상 위에 서기 때문이다. 난로는 새빨갛게 타야 하고, 화로의 숯불은 이글이글 피어야 하고, 주전자의 물은 펄펄 끓어야 된다.

 백화점 아래층에서 커피의 알을 찧어 가지고는 그대로 가방 속에 넣어가지고, 전차 속에서 진한 향기를 맡으면서 집으로 돌아온다. 그러는 내 모양을 어린애답다고 생각하면서 그 생각을 또 즐기면서 이것이 생활이라고 느끼는 것이다.

 싸늘한 넓은 방에서 차를 마시면서, 그제까지 생각하는 것이 생활의 생각이다. 벌써 쓸모 적어진 침대에는 더운 물통을 여러 개 넣을 궁리를 하고, 방구석에는 올 겨울에도 또 크리스마스트리를 세우고 색 전등으로 장식할 것을 생각하고, 눈이 오면 스키를 시작해 볼까 하고 계획도 해

보곤 한다.

 이런 공연한 생각을 할 때만은 근심과 걱정도 어디론지 사라져 버린다. 책과 씨름하고 원고지 앞에서 궁싯거리던 그 같은 서재에서, 개운한 마음으로 이런 생각에 잠기는 것은 참으로 유쾌한 일이다.

 책상 앞에 붙은 채, 별일 없으면서도 쉴 새 없이 궁싯거리고, 생각하고, 괴로워하고 하면서, 생활의 일이라면 촌음을 아끼고 가령 뜰을 정리하는 것도 소비적이니, 비생산적이니 하고 멸시하던 것이, 도리어 그런 생활적 사사에 창조적, 생산적인 뜻을 발견하게 된 것은 대체 무슨 까닭일까? 시절의 탓일까? 깊어 가는 가을, 벌거숭이의 뜰이 한층 산 보람을 느끼게 하는 탓일까?

서울의 봄 ― 노천명

서울의 봄은 눈 속에서 온다.

남산의 푸르던 소나무는 가지가 휘도록 철겨운 눈송이를 안고 함박꽃이 피었다.

달아나는 자동차와 전차들도 새로운 흰 지붕을 이었다. 아스팔트 다진 길바닥, 펑퍼짐한 빌딩 꼭대기에 백포가 널렸다. 가라앉는 초가집은 무거운 떡가루 짐을 진 채, 그대로 찌그러질 듯하다.

푹 꺼진 기왓골엔 흰 반석이 디디고 누른다. 비쭉한 전신주도 그 멋갈없이 큰 키에 잘 먹지도 않는 분을 올렸다.

이 별안간에 지은 세상을 노래하는 듯이 바람이 인다.

은가루, 옥가루를 휘날리며, 어지러운 흰 소매는 무리무리 덩치덩치 흥에 겨운 갖은 춤을 추어 제낀다. 길이길이 제 세상을 누릴 듯이.

그러나 보라! 이 사품에도 봄 입김이 도는 것을, 한결같이 흰 자락에 실금이 간다. 송송 구멍이 뚫린다. 돈짝만 해지고, 쟁반만 해지고, 댓닢만 해지고, 댕기만 해지고, ... 그 언저리는 번진다. 자배기만큼 검은 얼굴을 내놓은 땅바닥엔 김이 무럭무럭 떠오른다.

겨울을 태우는 봄의 연기다. 두께두께 언 청계천에서도 그윽한 소리 들려온다. 가만가만 자취 없이 가는 듯한 그 소리, 사르르사르르 이따금 그 소리는 숨이 막힌다. 험한 고개를 휘어 넘는 듯이 헐떡인다. 그럴 때면, 얼음도 운다. '쩡' 하며 부서지는 제 몸의 비명을 친다. 언 얼음이 턱 갈라진 사이로 파란 물결은 햇빛에 번쩍이며 제법 졸졸 소리를 지른다.

축축한 담 밑에는 눈을 떠 이은 푸른 풀이 닷분이나 자랐다. 끝장까지 보는 북악에 쌓인 눈도 그 사이 흰빛을 잃었다. 석고색으로 우중충하게 흐렸다.

그 위를 싸고도는 푸른 하늘에는, 벌써 하늘하늘 아지랑이가 걸렸다.

봄이 왔다. 눈길, 얼음 고개를 넘어, 서울에 순식간에 오고 만 것이다.

한여름 밤에 ― 노천명

앞벌 논가에서 개구리들이 소낙비 소리처럼 울어대고 삼
밭에서 오이 냄새가 풍겨오는 저녁 마당 한 귀퉁이에 범
산 넝쿨, 엉겅퀴, 다북쑥, 이런 것들이 생짜로 들어가 한
데 섞여 타는 냄새란 제법 독기가 있는 것이다.

또한 거기 다만 모깃불로만 쓰이는 이외의 값진 여름밤
의 운치를 지니고 있는 것이다.

달 아래 호박꽃이 화안한 저녁이면 군색스럽지 않아도
좋은 넓은 마당에는 이 모깃불이 피워지고 그 옆에는 명
석이 깔려지고 여기선 여름살이 다림질이 한창 벌어지는
것이다. 명석 자리에 이렇게 앉아 보면 시누이와 올케도

정다울 수 있고, 큰 애기에게 다림질을 붙잡히며, 지긋한 나이를 한 어머니는 별처럼 머언 얘기를 들려주기도 한다. 함지박에는 가주 쪄서 김이 모락모락 나는 노오란 강냉이가 먹음직스럽게 담겨 나오는 법이겠다.

　쑥댓불의 알싸한 내를 싫잖게 맡으며 불부채로 종아리에 덤비는 모기를 날리면서 강냉이를 뜯어 먹고 누웠으면 여인네들의 이야기가 핀다. 이런 저녁, 명석으로 나오는 별식은 강냉이뿐이 아니다. 연자간에서 가주 빻아온 햇밀에다 굵직굵직하고 얼쑹덜쑹한 강낭콩을 두고 한 밀범벅이 또 있겠다. 그 구수한 맛이 이런 대처의 식당 음식쯤으로는 감당할 수 없는 것이다.

　온 집안에 매캐한 연기가 골고루 퍼질 때쯤 되면 쑥 냄새는 한층 짙어져서 가경으로 들어간다. 영악스럽던 모기들도 아리숭아리숭하는가 하면 수풀 기슭으로 반딧불을 쫓아다니던 아이들도 하나 둘 잠자리로들 들어가고, 마을의 여름 밤은 깊어지고 아낙네들은 명석 위에 누워서 생초 모기장도 불면증도 들어 보지 못한 채 꿀 같은 단잠이 퍼붓는다.

쑥은 더 집어 넣는 사람도 없어 모깃불의 연기도 차츰 가늘어지고 보면, 여기는 바다 밑처럼 고요해진다. 굴 속에서 베를 짜던 마귀 할미라도 나와서 다닐 성부른 이런 밤엔, 헛간 지붕 위에 핀 박꽃의 하얀 빛이 나는 무서워진다.

한잠을 자고 난 애기는 아닌 밤중 뒷산 포곡새 울음소리에 선뜩해서 엄마 가슴을 파고들고, 삽살개란 놈이 괜히 짖어 대면 마침내 동리 개들이 달을 보고 싱겁게 짖어 대겠다.

설야 산책 ― 노천명

　저녁을 먹고 나니 퍼뜩퍼뜩 눈발이 날린다. 나는 갑자기 나가고 싶은 유혹에 눌린다. 목도리를 머리까지 푹 눌러 쓰고 기어이 나서고야 말았다.

　나는 이 밤에 뉘 집을 찾고 싶지는 않다. 어느 친구를 만나고 싶지도 않다. 그저 이 눈을 맞으며 한없이 걷는 것이 오직 내게 필요한 휴식일 것 같다. 끝없이 이렇게 눈을 맞으며 걸어가고 싶다. 이 무슨 저 북구 노르웨이에서 잡혀 온 처녀의 향수이랴.

눈이 내리는 밤은 내가 성찬을 받는 밤이다. 눈이 이제 제법 대지를 희게 덮었고, 내 신바닥이 땅 위에 잠깐 미끄럽다. 숱한 사람들이 나를 지나치고 내가 또한 그들을 지나치건만 내 어인 일로 저 시베리아의 눈 오는 벌판을 혼자 걸어가고 있는 것만 같으냐.

가로등이 휘날리는 눈을 찬란하게 반사시킬 때마다 나는 목도리를 푹 쓴다. 이제 그만 집으로 돌아가야겠다고 느끼면서도 내 발길은 좀처럼 집을 향하지 않는다.

기차 바퀴 소리가 유난히 크게 들린다. 지금쯤 어디로 향하는 차일까. 우울한 찻간이 머리에 떠오른다. 그 속에 앉았을 형형색색의 인생들! 기쁨을 안고 가는 자와 슬픔을 받고 가는 자를 한 자리에 태워 가자고 이 밤을 뚫고 달리는 열차. 바로 지난 해 정월 어떤 날 저녁 의외의 전보를 받고 떠났던 일이, 기어이 슬픈 일을 내 가슴에 새기게 한 일이 생각나며, 밤차 소리가 소름이 끼치도록 무서워진다.

이따금 눈송이가 뺨을 때린다. 이렇게 조용히 걸어가고 있는 내 맘속에 사라지지 못할 슬픔과 무서운 고독이 몸부림쳐 거의 내가 견디어 내지 못할 지경인 것을 아무도 모를 것이다.

　이리하여 사람은 영원히 외로운 존재일지도 모른다. 뉘 집인가 불이 환히 켜진 창 안에선 다듬이 소리가 새어나온다 어떤 여인의 아름다운 정이 여기도 흐르고 있음을 본다.

　고운 정을 베풀려고 옷을 다듬는 여인이 있고,이 밤에 딱따기를 치며 순찰을 돌아주는 이가 있는 한 나도 아름다운 마음으로 돌아가야 할 것이다.

　머리에 눈을 허옇게 쓴 채 고단한 나그네처럼 나는 조용한 내 집 문을 두드렸다. 눈이 내리는 성스러운 밤을 위해 모든 것은 깨끗하고 조용하다. 꽃 한 송이 없는 방 안에 내가 그림자같이 들어옴이 상장처럼 슬프구나.

　창 밖에선 여전히 눈이 싸르르 내리고 있다. 저 적막한 거리거리에서 내가 버리고 온 발자국들이 흰 눈으로 덮여 없어질 것을 생각하며 나는 가만히 누웠다. 회색과 분홍빛으로 된 천장을 격해 놓고 이 밤에 쥐는 나무를 깎고 나는 가슴을 깎는다.

어머니 ― 김동명

타박타박 타박녀야! 너 어디로 울며 가늬?

내 나이 어렸을 제, 어머니의 무릎을 베고, 혹은 코쿨 앞에 마주 앉아 어머니로부터 들은 이야기로 말하면, 달 속의 계수나무와 옥토끼의 이야기를 비롯하여 은하수 가의 견우직녀 이야기, 천태산 마구할멈 이야기, 구미호 이야기, 장사 이야기, 신선 이야기, 그리고 '유출렬전', '조웅전', '장화홍련전', '심청전' 등 고담책 이야기며, 이 밖에도 이루 들 수 없도록 많은 이야기를 들었지마는, 그 가운데서도 슬프기로는 타박녀의 이야기가 으뜸이었다.

영영 가 버린 어머니를 찾아.

슬피 울며 타박타박 걸어가는 타박녀!

어디선가, 타박녀의 흐느끼는 울음소리 귓가에 들리는 듯하면, 타박타박 걸어가는 타박녀의 뒷모습이 눈앞에 선하여, 나는 이 슬픈 환상 때문에 얼마나 울었는지 모른다.

아아, 타박녀의 울음소리, 타박녀의 뒷모습! 이것은 바로 내 눈물의 옛고향이기도 하다. 그러나 나도 어느 사이에 어머니를 잃은 타박녀가 되었구나. 더욱이 나는 어머니와 함께 눈물도 동심도 다 잃어버린, 세상에도 가엾은 고아가 되고 말았구나!

내 나이 어렸을 제, 우리들이 타관에 나와 단칸방 셋방살이로 돌아다니고 있을 때의 일이었다. 어떤 날 나는 어머니에게,

"어머니는 내가 이다암에 커서 무엇이 되기를 바라나?"
(나는 어렸을 때 어머니에게 반말을 썼다.)

그때나 지금이나 다소의 과대망상증을 가진 나는 자못 자신만만하다는듯이, 어머니의 소원을 물었다. 순간 어머

니의 눈은 빛나셨다. 내 신념에 움직이신 듯 – 그리고 은근하신 어조로,

"강릉 군수가 되어 주렴."

이것은 어머니의 향수, 고향으로 돌아가시고 싶은 간절한 심정이리라. 그러나 비단옷이 아니고는 돌아가시기를 원치 않으신다는 슬픈 결심이기도하다.

아아, 어머니는 드디어 고향길을 못 밟으시고 저 세상으로 돌아가신 지 오래니, 내 이제 강릉 군수를 한들 무엇하리.

언젠가, 어머니는 나를 물끄러미 바라보시다가 쓸쓸히 웃으시며,

"암만해도 너는 좀 못생겼어."

이것은 내 어머니의 무서운 야심이신가. 또한, 그 냉엄하신 비평 정신의 편린이시기도 하리라.

나는 수염을 깎고 새 옷을 갈아입고 거울 앞에 설 때면, 가끔 어머니의 말씀을 회상하고 고미소를 흘리는 버릇을 지금도 잊지 않는다.

언젠가, 어머니는 방학 때에 돌아온 나를 보시고,

"너도 인젠 편지는 제법이더라. 말이 좀 까탈스러워 흠이 지마는 – 그러나 아직도 병두만은 못해"(병두는 나보다 연장인 내 조카로, 문장에 다소 능하다.)

겨우 국문을 해독하시는 정도의 어머니로, 이 얼마나 '건방지신' 말씀이시뇨? 저 놀라운 긍지와 자부심의 한 끝은 여기에서도 엿보이는 듯 ....

예수를 믿어 석 달 만이면 전도부인이 될 수 있으리라던 어머니, 내게도 고질처럼 따라다니는, 대언장담을 즐기는 버릇이 있으니, 이것도 필경은 어머니께로부터 받은 슬픈 유산의 하나인가!

청춘 예찬 ― 민태원

청춘!

이는 듣기만 하여도 가슴이 설레는 말이다. 청춘! 너의
두 손을 가슴에 대고, 물방아 같은 심장의 고동을 들어
보라. 청춘의 피는 끓는다. 끓는 피에 뛰노는 심장은 거
선의 기관같이 힘 있다. 이것이다. 인류의 역사를 꾸며
내려온 동력은 바로 이것이다. 이성은 투명하되 얼음과
같으며, 지혜는 날카로우나 갑 속에 든 칼이다. 청춘의
끓는 피가 아니더면 인간이 얼마나 쓸쓸하랴? 얼음에 싸
인 만물은 죽음이 있을 뿐이다.

그들에게 생명을 불어넣는 것은 따뜻한 봄바람이다. 풀밭에 속잎 나고, 가지에 싹이 트고, 꽃 피고 새 우는 봄날의 천지는 얼마나 기쁘며, 얼마나 아름다우냐? 이것을 얼음 속에서 불러내는 것이 따뜻한 봄바람이다. 인생에 따뜻한 봄바람을 불어 보내는 것은 청춘의 끓는 피다. 청춘의 피가 뜨거운지라 인간의 동산에는 사랑의 풀이 돋고, 이상의 꽃이 피고, 희망의 놀이 뜨고, 열락의 새가 운다.

사랑의 풀이 없으면 인간은 사막이다. 오아시스도 없는 사막이다. 보이는 끝까지 찾아다녀도, 목숨이 있는 때까지 방황하여도 보이는 것은 거친 모래뿐일 것이다. 이상의 꽃이 없으면, 쓸쓸한 인간에 남는 것은 영락과 부패뿐이다. 낙원을 장식하는 천자만홍이 어디 있으며, 인생을 풍부하게 하는 온갖 과실이 어디 있으랴?

이상! 우리의 청춘이 가장 많이 품고 있는 이상! 이것이야말로 무한한 가치를 가진 것이다. 사람은 크고 작고 간에 이상이 있음으로써 용감하고 굳세게 살 수 있는 것이다.

석가는 무엇을 위하여 설산에서 고행을 하였으며, 예

수는 무엇을 위하여 광야에서 방황하였으며, 공자는 무엇을 위하여 천하를 철환하였는가? 밥을 위하여서, 옷을 위하여서, 미인을 구하기 위하여서 그리하였는가? 아니다. 그들은 커다란 이상, 곧 만천하의 대중을 품에 안고, 그들에게 밝은 길을 찾아 주며, 그들을 행복스럽고 평화스러운 곳으로 인도하겠다는 커다란 이상을 품었기 때문이다. 그러므로 그들은 길지 아니한 목숨을 사는가 싶이 살았으며, 그들의 그림자는 천고에 사라지지 않는 것이다.

이것은 가장 현저하여 일월과 같은 예가 되려니와, 그와 같지 못하다 할 지라도 창공에 반짝이는 뭇 별과 같이, 산야에 피어나는 군영과 같이, 이상은 실로 인간의 부패를 방지하는 소금이라 할지니, 인생에 가치를 주는 원질이 되는 것이다.

이상! 빛나는 귀중한 이상, 이것은 청춘의 누리는 바 특권이다. 그들은 순진한지라 감동하기 쉽고, 그들은 점염이 적은지라 죄악에 병들지 아니하였고, 그들은 앞이 긴지라 착목하는 곳이 원대하고, 그들은 피가 더운지라 실현에 대한 자신과 용기가 있다. 그러므로 그들은 이상의

50

보배를 능히 품으며, 그들의 이상은 아름답고 소담스러운 열매를 맺어, 우리 인생을 풍부하게 하는 것이다.

보라, 청춘을!

그들의 몸이 얼마나 튼튼하며, 그들의 피부가 얼마나 생생하며, 그들의 눈에 무엇이 타오르고 있는가? 우리 눈이 그것을 보는 때에, 우리의 귀는 생의 찬미를 듣는다. 뼈끝에 스며들어 가는 열락의 소리다.

이것은 피어나기 전인 유소년에게서 구하지 못할 바이며, 시들어 가는 노년에게서 구하지 못할 바이며, 오직 우리 청춘에서만 구할 수 있는 것이다.

청춘은 인생의 황금시대다. 우리는 이 황금시대의 가치를 충분히 발휘하기 위하여, 이 황금시대를 영원히 붙잡아 두기 위하여, 힘차게 노래하며 힘차게 약동하자!

꽃송이 같은 첫눈 ─ 강경애

오늘은 아침부터 해가 안 나는지 마치 촛불을 켜는 것처럼 발갛게 피어오르던 우리 방 앞문이 종일 컴컴했다. 그리고 이따금씩 문풍지가 우릉릉 우릉릉했다.

잔기침 소리가 나며 마을 갔던 어머니가 들어오신다.

"어머니, 어디 갔댔어?"

바느질하던 손을 멈추고 어머니를 쳐다보았다. 치마폭에 풍겨 들어온 산뜻한 찬 공기며 발개진 코끝.

"에이, 춥다."

어머니는 화로를 마주앉으며 부저로 손끝이 발개지도록

불을 헤치신다.

"잔칫집에 갔댔다."

"응, 잔치 잘해?"

"잘하더구나."

"색시 고와?"

"쓸 만하더라."

무심히 나는 어머님의 머리를 쳐다보니 물방울이 방울방울
서렸다.

"비 와요?"

"비는 왜 눈이 오는데."

"눈? 벌써 눈이 와 어디."

어린애처럼 뛰어 일어나자 손끝이 따끔해서 굽어보니 바늘
이 반짝 빛났다.

"에그, 아파라. 고놈의 바늘."

나는 이렇게 중얼거리며 옥양목 오라기로 손끝을 동이고
밖으로 뛰어 나갔다.

하늘은 보이지 않고 눈송이로 뿌하다. 그리고 새로 한 수숫
대 바자 갈피에는 눈이 한 줌이나 두 줌이나 되어 보이도록

쌓인다.

 보슬보슬 눈이 내린다. 마치 내 가슴속까지도 눈이 내리는 듯했다. 그리고 나는 듯 마는 듯한 냄새가 나의 코끝을 깨끗하게 한다.

 무심히 나는 손끝을 굽어보았다. 하얀 옥양목 위에 발갛게 피가 배었다.

'너는 언제까지나 바늘과만 싸우려느냐?'

 이런 질문이 나도 모르게 내 입 속에서 굴러 떨어졌다.

 나는 싸늘한 대문에 몸을 기대고 어디를 특별히 바라보는 것도 없이 언제까지나 움직이지 않았다. 꽃송이 같은 눈은 떨어진다, 떨어진다.

파초 — 이태준

　작년 봄에 이웃에서 파초 한 그루를 사왔다. 얻어온 것도 두어 뿌리 있었지만 모두 어미뿌리에서 새로 찢어낸 것들로 앉아서나 들여다볼 만한 키들이요. "요게 언제 자라서 키 큰 내가 들어설 만치 그늘이 지나!" 생각할 때는 적이 한심하였다. 그래 지나다닐 때마다 눈을 빼앗기던 이웃집 큰 파초를 그예 사오고야 만 것이었다.

　워낙 크기도 했지만 파초는 소 선지가 제일 좋은 거름이란 말을 듣고 선지는 물론이요 생선 씻은 물, 깻묵물 같은 것을 틈틈이 주었더니 작년 당년으로 성북동에선 제일 큰 파초가 되었고, 올봄에는 새끼를 다섯이나 뜯어 내었다. 그런 것이 올여름에도 그냥 그 기운으로 장차게 자라 지금은 아마 제일 높은 가지는 열두 자도 훨씬 더 넘을 만치 지붕과 함께 솟아서 퍼런 공중에 드리웠다. 지나는 사람마다 "이렇게 큰 파초는 처음 봤군!" 하고 우러러보는 것이다. 나는 그 밑에 의자를 놓고 가끔 남국의 정조를 명상한다.

파초는 언제 보아도 좋은 화초다. 폭염 아래서도 그의 푸르고 싱그러운 그늘은, 눈을 씻어줌이 물보다 더 서늘한 것이며 비오는 날 다른 화초들은 입을 다문 듯 우울할 때 파초만은 은은히 빗방울을 퉁기어 주렴 안에 누웠으되 듣는 이의 마음에까지 비를 뿌리고도 남는다. 가슴에 비가 뿌리되 옷은 젖지 않는 그 서늘함, 파초를 가꾸는 이 비를 기다림이 여기 있을 것이다.

오늘 앞집 사람이 일찍 찾아와 보자 하였다. 나가니

"거 저 큰 파초 파십시오"

한다.

"팔다니요?"

"저거 이젠 팔아버리셔야 합니다. 저렇게 꽃이 나온 건 다

큰 표시예요. 내년엔 영락없이 죽습니다. 그건 제가 많이

당해본 걸입쇼”

한다.

“죽을 때 죽더라도 보는 날까진 봐야지 않소?”

“그까짓 인제 두어 달 더 보자구 그냥 두세요? 지금 팔면

올핸 파초가 세가 나 저렇게 큰 건 오 원도 더 받습니다……

누가 마침 큰 걸 하나 구한다니 그까짓 슬쩍 팔아버리시죠.”

생각하면 고마운 말이다. 이왕 죽을 것을 가지고 돈이라도

한 오 원 만들어 쓰라는 말이다.

그러나 나는 마음이 얼른 쏠리지 않는다.

“그까짓거 팔아 뭘 허우.”

“아 오 원쯤 받으셔서 미닫이에 비 뿌리지 않게 챙이나 해

다시죠.”

그는 내가 서재를 짓고 챙을 해 달지 않는다고 자기 일처

럼 성화하던 사람이다.

나는, 챙을 하면 파초에 비 맞는 소리가 안 들린다고 몇 번

설명하였으나 그는 종시 객쩍은 소리로밖에 안 들리는 모

양이었다. 그는 오늘 오후에도 다시 한번 와서

"거 지금 좋은 작자가 있는뎁쇼......."

하고 입맛을 다시었다.

정말 파초가 꽃이 피면 열대지방과 달라 한 번 말랐다가는 다시 소생하지 못할지도 모른다. 그러나 내 마당에서, 아니 내 방 미닫이 앞에서 나와 두 여름을 났고 이제 그 발육이 절정에 올라 꽃이 핀 것이다. 얼마나 영광스러운 일인가! 그가 한 번 꽃을 피웠으니 죽은들 어떠리! 하물며 한마당 수북하게 새순이 솟아오름에랴!

소를 길러 일을 시키고 늙으면 팔고 사간 사람이 잡으면 그고기를 사다 먹고 하는 우리의 습관이라, 이제 죽을 운명에 있는 파초니 오 원이라도 받고 팔아준다는 사람이 그 혼자 드러나게 모진 사람은 아니다. 그러나 무심코 바람에 너울거리는 파초를 보고 그 눈으로 그 사람의 눈을 볼 때 나는 내 눈이 뜨거웠다.

"어서 가슈. 그리구 올가을엔 움이나 작년보다 더 깊숙하게 파주슈."

"참 딱하십니다."

그는 입맛을 다시며 돌아갔다.

눈 오던 그날 밤―백신애

육 년 전이다. 그때 나는 동쪽 서울에 있었다. 그해에는 웬일인지 몇 십 년 만이라는 대설이 내렸다. 나는 아파트의 삼층 일실에서 저물어 가는 눈하늘을 하염없이 내다보느라고 유리창에 이마를 기대고 서 있었다.

그때 건너편 양관 삼층에서 역시 눈 내리는 이웃 지붕을 내다보고 있는 한 여인이 있었다. 그 여인은 오래전부터 나를 발견했던지 내가 그 여인을 바라볼 때 그는 나에게 열심히 손을 흔들고 있었다.

그 양관과 내가 있는 아파트는 거의 백여 칸이나 떨어져 있

었고 또 저물어 가는 저녁때라 그 여인의 얼굴 모습은 알아

볼 수가 없었다.

 나는 조금 서먹서먹하기는 하나 창을 열고 손을 내밀어 그

에게 흔들어 보였더니 그는 갑자기 바쁜 일이 생긴 듯이 다

시 한 번 손을 흔들어 보이고 창에서 사라졌다. 나는 어찌

된 셈인지 가슴이 쓸쓸해졌으므로 창문에다 커튼을 내려

버렸다. 그 사이에 전등이 켜지며 복도에 조심스런 발자취

소리가 들려오며 가끔 머물러 서는 기척을 느꼈으나 이웃

방 사람이겠지 하고 테이블 앞 의자에 걸터앉아 원고지를

펼쳐 놓았다.

 조금 있더니 발자취 소리는 내 방 앞에 와 헤뜨러지며 얌

전스런 노크 소리가 났다.

 나는 무심코 들어오라고 대답했다.

"들어가도 좋을까요......."

하는 아름다운 소프라노의 음성이 대답했다. 나는 노크한

사람의 주저하는 태도에 잠깐 생각한 후 일어서 도어를 열

었다.

"아!"

나는 도어를 열자 그곳에 서 있는 사람이 내가 꿈에도 얘기해 본 적이 없는 눈이 부시게 반짝이는 금발을 가진 양녀임에 질겁을 하듯 놀랐던 것이었다.

"들어오세요."

라고, 이윽한 후 그를 방 안으로 들였더니 나는 또 한 번 놀랐다. 그 이유는 그가 일본인이나 조금도 다름없을 만큼 말이 유창한 것이다.

"나는 저편으로 옮겨 온 지 일주일이나 됐어요. 아침마다 당신이 창을 여는 것을 보았어요. 그때마다 손을 흔들어도 당신은 못 본 척하셨어요."

양관 창에서 내다본 여인이 즉 자기라고 했다.

"아! 그랬어요? 나는 오늘 처음 당신을 발견했는데요."

나는 그와 어느 사이인지 십년지기같이 정답게 이야기를 나누고 있었다.

"저 눈을 맞으며 우리 산보합시다."

우리는 거리로 나섰다.

가까운 히비야 공원으로 향했다.

공원 앞까지 가서는 둘이 함께 발을 멈추었다.

"무서워라......"

그는 갑자기 나에게 바짝 다가서며 인적기 없는 공원 안을 기웃거렸다.

나는 여기까지 눈을 맞고 걸어오는 동안 흠뻑 감상에 잠겨 있던 터라 그의 어깨를 껴안았다. 그리고 눈물을 감추며 애달픈 설희의 이야기를 들려주기로 했다.

"설희! 그는 나이가 나보다 한 해 위였으나 몸집이 나보다 무척 작아서 나를 언니라고 불렀어요. 그의 사랑하는 이는 모 사건으로 사형을 당하고 홀어머니와 가엾이 살았는데 나는 그의 유일의 동무였습니다.

그는 항상 검은 루바슈카를 입고 내 가슴에 기대어 '언니! 나는 춘희를 사랑한답니다. 나도 춘희처럼 되렵니다. 아니 나는 춘희보다 설희가 되렵니다. 함박눈이 펄펄 소리 없이 땅 위에 쌓일 때 나도 소리 없이 가렵니다.' 그 후부터 그는 스스로 설희라고 이름을 고쳤습니다. 그 역시 춘희처럼 가슴을 앓고 있었던 것입니다. 그 설희가 재작년에 정말 눈내리는 밤 소리 없이 먼 암흑의 나라로 사라져 갔답니다."

내 이야기가 끝나자 이 이국 여인은 바로 가슴을 헤치고

흰 단추가 목까지 달린 새까만 블라우스를 나에게 보이며,

"언니!"

하며 감격에 떨리는 듯 나를 불렀다. 나는,

"오!"

하는 감탄과 함께 그의 블라우스의 스타일이 그 전날 설희가 즐겨 입던 루바슈카와 비슷함에 놀라며 행여나 설희의 영혼이 살아남이 아닌가 하여 등허리에 찬 땀이 쭉 흘러내렸다.

"과연 나는 내 영감이 들어맞았어요. 당신은 반드시 나에게도 유일한 동무가 될 것 같아요. 오늘 밤, 흰 눈이 내리는 가운데서 백이란 성을 가진 당신을 친하게 되고, 설희의 이야기를 들었으며, 그 설희가 또한 나와 운명이 같은 사람임을 알게 되었습니다. 기이한 일입니다. 나는 당신보다 나이가 많은지는 모르겠습니다만 당신을 언니라고 부르겠어요. 당신은 나를 설희라고 불러 주세요. 정말정말 나는 설희라고 이름을 고치겠어요."

하며 그는 무슨 설움이 가득 차오른 듯 내 어깨 위에 이마를 비벼대었다.

나는 온몸에 소름이 끼친 채 묵묵히 서 있으며 그 여인
이 설희 같게만 생각되었다. 그리하여 얼른 이 생각을 물리
치려고 안전지대 위로 옮겨 섰다.

그러나 그는 무엇에 취한 듯 내 곁으로 자꾸 다가서며,

"미스 화이트! 아니 언니! 우리가 이렇게 서 있는 동안 눈
이 자꾸 내려서 우리가 눈 가운데 포옥 파묻혀 버렸으
면......"

하고 그는 커다란 눈을 반짝였다.

우리는 함께 웃으며 옷 위에 쌓인 눈을 서로 바라보는 사
이에 가로등에 펄펄 내리는 눈발이 마치 우리를 눈 속에 파
묻으려는 듯싶었다. 이윽고 함께 걷기 시작했을 때 나의 가
슴은 이국 정서로 가득해지며 남의 나라를 방랑하는 듯 노
스탤지어의 마음은 자못 설레었다.

겨울이 가거들랑—지하련

언제부터 내가 꽃을 좋아하게 되었는지 이젠 가까이 있는
분들이 흔히 나더러 무척 꽃을 좋아한다고 말한다. 지난여
름엔 이웃에 사는 모 부인이 도라지꽃을 내게 꺾어 준 일이
있고 또 부인의 시모님에게선 해바라기꽃을 선사받은 일이
있다. 이렇게 꽃을 주는 두 분의 고마운 맘씨가 나를 두고
별로 다를 게 없어, 나는 아름답고 건강한 부인이 고운 빛깔
로 모양이 예쁜 도라지꽃을 주었을 때도 즐거웠거니와 이보
다도 그 시모님이 주신 해바라기꽃은 정말로 고마웠다.

해바라기가 그 의젓하고 너그러운 품에 있어서도 그러하려

니와 더욱 빛깔에 있어 호박꽃과 방불했고 또 호박꽃은 흔히 시골에서 자라난 사람에게...... 호박꽃이 넝쿨진 담장과 그 담장 안팎을 조석으로 거닐었을 어머니의 모습과 함께 느껴지는 별로 독특한 향기를 가졌음인지는, 또 해바라기를 받을 때 내 마음이 이러한 것과 관련된 곳에서 지어진 것이었는지는 모르겠으나, 아무튼 나는 그 순간 단순히 고마웠다기 보다도 차라리 당황했다.

종래로 내가 아는 좋은 어머니들은 따로이 꽃을 사랑할 줄 모르셨고 착하고 알뜰한 마음이 꽃을 이뻐할 고움이 없어서가 아니라 조석을 다투어 피고지고 움트고 시들고 하는 못내 허황한 초화를 구태여 사랑할 겨를이 없었던 성싶다.

이러기에 꽃을 즐겨 치우치는 헛된 버릇이 그 자녀들에게 있을 때면 어머니는 돌이켜 그 착실치 못할까를 염려했고 길치 않은 징조라 꾸중하셨다.

손녀를 업은 뒤춤으로 내게 해바라기를 주시면서,

"하도 꽃을 좋아하기......."

하고 말씀하는 부인의 시모님께 담배를 꺼내 성냥을 그어드린 후 잠자코 앉아 무심코 내 뾰족한 턱에 손을 가져가며

가만히,

'어머니는 이미 내게 꾸중할 것을 잊으셨다.'

고 생각을 하려니 어쩐지 나는 뭐가 몹시 언짢아져서……
서러웠다.

이제 겨울이 오면 해바라기도 도라지꽃도 없어질 테니 다
시는 내 화병에 꽃을 꽂지 말리라 마음먹으면서 나는 거듭
쓸쓸해했다.

그 후 여름이 가고 가을이 와 내게 도라지꽃을 꺾어 주던
부인은 시골로 떠나고 그 시모님도 내게 해바라기 꽃씨를
따주신 후 같이 떠나셨다. 두 분이 떠나신 후 가을이 짙어
와도 나는 내 방에 별로 꽃을 두지 않았다.

어느 날 심부름하는 아이가 산에서 단풍을 꺾어 왔으나 꽂
지 않았다. 단풍이 빨갛게 이쁘듯 나를 향한 아이의 마음이
이쁠지는 모르나 역시 해바라기에서와 같은 향기를, 해바라
기를 주신 분과 같은 마음으로 나는 단풍에서도 아이에게서
도 찾을 수 없었던지 그냥 항아리에 담은 채 뜰 안 한편에
버려두어도 내 마음은 무사했다.

어느 결에 겨울이 왔는지 올해는 유별나게 따뜻한 해라고

모두 신기해 한다. 나도 이따금 뒤뜰로 나서 볼 때가 있지만 귀가 아릴 정도의 추위란 별로 없었다.

산비탈이나 밭이랑을 보아도 조금도 겨울 같지가 않아서, 이따금 안개낀 밤엔 봄이 아닌가 착각될 때도 있다. 하지만 착각이란 마음으로 따져 스스로 부끄러운 경우가 많은 것인지 나는 곧잘 이러한 종류의 착각을 그 뒤에 오는 허전하고 서글픈 감정으로 맡겨 버리곤 한다.

그러나 아무리 따뜻한 겨울이라도 역시 어느 곳에고 사나운 겨울의 풍모가 있었는지도 모른다. 나는 아까도 말했지만 지난여름 해바라기꽃 이후로 어쩐지 되도록 꽃을 가까이 말리라 마음먹었다. 시골이라 벗도 잘 볼 수 없거든 누가 꽃을 가져올 리도 없고 혹 내가 서울엘 간대도 굳이 꽃을 살리 없어 이건 비교적 용이하게 이뤄질 수 있었다.

그런데 실로 뜻밖에 일전 어느 분이 인편으로 내게 꽃을 보낸 일이 있다. 이리 되면 나의 심경의 문제는 둘째로, 더욱 친분도 없는 분이라 먼저 고마워해야 할 일이겠으나, 웬일인지 여기에도 뜻하지 못한 불행이 있어 그 꽃이 너무 밤 늦게 먼길을 오느라 마침 그날 밤 추위에 그만 그대로 노상에서 얼고 만 것이다.

집에 돌아온 후 꽃을 전하는 분의 애석해함도 애석해함이 거니와 내가 보려니 백합서껀 그 화려하고 이쁜 꽃잎들이 그대로 얼음이 질린 채 동강이 나 있었다.

좌우간 당황한 마음에 물을 갈아 병에 꽂기는 했으나 얼음이 차차 풀리자 파랗고 싱싱한 대궁은 그대로 폭폭 쓰러졌다. 안타까운 일이었다. 꽃잎이 이지러져 더욱 언짢았다. 기왕 얼 바엔 동강이나 나지 말게 외투자락에 넣었던 것을 탓해 보기도 했으나 죄야 그분에게 있을 턱이 없었다.

익일날 아침 서울 갈 채비를 하고 있는 분에게, 꽃을 주신 분을 만나걸랑 부디 꽃이 얼었단 말 말라는 부탁을 거듭 당부한 후 가위로 다 이지러진 건 그대로 중간턱을 잘라 내고 아스파라거스로 의지를 삼아 조심히 세워 두었던 것이 그후 일주일이 넘은 지금까지 내 책상 위에 꽂혀 있다.

날씨는 오늘도 따뜻하다.

내일 밤도 안개가 끼어 봄날처럼 푸근할지도 모른다.

이렇게 따뜻한 순한 밤을 두고 꽃은 왜 하필 그 밤에 나한테로 왔는지 나는 알 길이 없고...... 그저 답답하다.

이제 산란하고 침묵한 겨울밤 나는 두 손을 가슴 위에 얹고 누운 채,

"겨울이 가거들랑 두 번 다시 언 꽃을 생각지 말리라."

일러 본다.

백리금파 — 김상용

 고개를 넘어, 산허리를 돌아 내렸다. 산 밑이 바로 들, 들은 그저 논뿐의 연속이다. 두렁풀을 말끔히 깎았다. 논 배미마다 수북수북 담긴 벼가 연하여 백리금파를 이루었다.

 여기저기 논들을 돌아다니는 더벅머리 떼가 있다. '우여, 우여, 소리를 친다. 혹 '꽝꽝' 석유통을 두드리기도 한다. 참새들을 쫓는 것이다. 참새들은 자리를 못 붙여 한다. 우선 내 옆에 있는 더벅머리 떼가 '우여' 소리를 쳤다. 참새 떼가 와르르 날아갔다. 천 마리는 될 것 같다.

날아간 참새들은 원을 그리며 저편 논배미에 앉아 본다.

저편 애놈들은 날아 앉은 새떼를 보았다. 깨어져라 하고 석유통을 두들긴다. 일제히,

"우여!"

소리를 친다. 이 아우성을 질타할 만한 담력이 참새의 작은 심장에 있을 수가 없다. 참새들은 앉기가 무섭게 다시 피곤한 나래를 쳐야 한다. 어디를 가도 '우여 우여'가 있다. '꽝꽝'이 있다. 참새들은 쌀알 하나 넘겨보지 못하고 흑사병 같은 '우여, 우여', '꽝꽝' 속을 헤매는 비운아들이다. 사실 애놈들도 고달픈 것이다.

나와 내 당나귀는 이 광경을 한참 바라보고 있다. 나는 나귀 등에서 짐을 내려놓고 그 속에서 오뚝이 하나를 냈다.

"애들아, 너를 이리 와 이것 좀 봐라."

하고, 나는 오뚝이를 내 들고 애놈들을 불렀다.

애놈들이 모여들었다.

"애들아 이놈의 대가리를 요렇게 꼭 누르고 있으면 요모양으로 누운 채 있단 말이다. 그렇지만 한 번 이놈을 쑥 놓기만 하면 요것 봐라, 요렇게 발딱 일어선단 말이야."

나는 두서너 번 오뚝이를 눕혔다 일으켰다 하였다.

"이것을 너들에게 줄 테다. 한데 씨름들을 해라. 씨름에 이긴 사람에게 이것을 상으로 주마."

애놈들은 날래 수줍음을 버리지 못한다. 어찌어찌 두 놈을 붙여 놓았다.

한 놈이 아낭기에 걸려 떨어졌다. 관중은 그 동안에 열이 올랐다. 허리띠를 고쳐 매고 자원하는 놈이 있다. 사오 승부가 끝났다. 아직 하지 못한 애놈들은 주먹을 쥐고 제 차례 오기를 기다렸다. 승부를 좋아하는 저급한 정열은 인류의 맹장 같은 운명이다.

결국 마지막 한 놈이 이겼다. 나는 씨름의 폐회를 선언하고 우승자에게 오뚝이를 주었다. 참새들은 그동안에 배가 불렀을 것이다. 이리하여 나는 천석꾼이의 벼 두 되를 횡령하고 재산의 7전 가량을 손 하였다. 천 마리의 참새들은 오늘 밤 오래간만에 배부른 꿈을 꿀 것이다.

백설부 ― 김진섭

　말하기조차 어리석은 일이나 도회인으로서 비를 싫어하
는 사람은 많을지 몰라도, 눈을 싫어하는 사람은 아마 거
의 없을 것이다. 눈을 즐겨하는 것은 비단 개와 어린이들
뿐만이 아니요. 겨울에 눈이 내리면 온 세상이 일제히 고
요한 환호성을 소리 높이 지르는 듯한 느낌이 난다. 눈
오는 날에 나는 일찍이 무기력하고 우울한 통행인을 거
리에서 보지 못하였으니, 부드러운 설편이, 생활에 지친
우리의 굳은 얼굴을 어루만지고 간지를 때, 우리는 어찌
된 연유인지 부지중 온화하게 된 마음과 인간다운 색채

를 띤 눈을 가지고 이웃 사람들에게 경쾌한 목례를 보내지 않을 수 없게 되는 것이다.

나는 겨울을 사랑한다. 겨울의 모진 바람 속에 태고의 음향을 찾아듣기를 나는 좋아하는 자이기 때문이다. 그러나 무어라 해도 겨울이 겨울다운 서정시는 백설, 이것이 정숙히 읊조리는 것이니, 겨울이 익어 가면 최초의 강설에 의해서 멀고 먼 동경의 나라는 비로소 도회에까지 고요히 고요히 들어오는 것인데, 눈이 와서 도회가 잠시 문명의 구각을 탈하고 현란한 백의를 갈아입을 때, 눈과 같이 온, 이 넓고 힘세고 성스러운 나라 때문에 도회는 문득 얼마나 조용해지고 자그만해 지고 정숙해지는지 알 수 없지만, 이 때 집이란 집은 모두가 먼 꿈속에 포근히 안기고 사람들 역시 희귀한 자연의 아들이 되어 모든 것은 일시에 원시시대의 풍속을 탈환한 상태를 정한다.

온 천하가 얼어붙어서 찬 돌과 같이도 딱딱한 겨울날의 한가운데, 대체 어디서부터 이 한없이 부드럽고 깨끗한 영혼은 아무 소리도 없이 한들한들 춤추며 내려오는 것인지 비가 겨울이 되면 얼어서 눈으로 화한다는 것은 참으로 고마운 일이다.

만일에 이 삭연한 삼동이 불행히도 백설을 가질 수 없다면 우리의 적은 위안은 더욱이나 그 양을 줄이고야 말 것이니, 가령 우리가 아침에 자고 일어나서, 추위를 참고, 열고 싶지 않은 창을 가만히 밀고 밖을 한 번 내다보면, 이것이 무어랴!

백설애애한 세계가 눈앞에 전개되어 있을 때, 그 때 우리가 마음에 느끼는 것은 과연 무엇일까? 말할 수 없는 환희 속에 우리가 느끼는 감상은 물론, 우리가 간밤에 고운 눈이 이같이 내려서 쌓이는 것도 모르고, 이 아름다운 밤을 헛되이 자버렸다는 것에 대한 후회의 정이요. 그래서 설사 우리는 어젯밤에 잘 적엔 인생의 무의미에 대해서 최후의 단안을 내린 바 있었다 하더라도 적설을 조망하는 이 순간에만은 생의 고요한 유열과 가슴의 가벼운 경악을 아울러 맛볼지니, 소리 없이 온 눈이 소리 없이 곧 가 버리지 않고, 마치 그것은 하늘이 내리어 주신 선물인 거나 같이 순결하고 반가운 모양으로 우리의 마음을 즐겁게 하고, 또 순화시켜 주기 위해서 아직도 얼마 사이까지는 남아 있어 준다는 것은 흡사 우리의 애인이 우리를 가만히 몰래 습격함으로 의해서 우리의 경탄과 우리의 열락을 더 한층 고조하려는 그것과도 같다고나 할는지!

 우리의 온 밤을 행복스럽게 만들어 주기는 하나, 아침이 면 흔적도 없이 사라지는 감미한 꿈과 같이 그렇게 민속 하다고는 할 수 없어도 한 번 내린 눈은, 그러나 그다지 오랫동안은 남아 있어 주지는 않는다. 이 지상의 모든 아 름다운 것은 슬픈 일이나, 얼마나 단명하며, 또 얼마나 없 어지기 쉬운가! 그것은 말하자면 기적같이 와서는 행복같 이 달아나 버리는 것이다. 편연 백설이 경쾌한 윤무를 가 지고 공중에서 편편히 지상에 내려올 때, 이 순치할 수 없 는 고공 무용이 원거리에 뻗친 과감한 분란은, 이를 보는 사람으로 하여금 거의 처연한 심사를 가지게까지 하는데, 대체 이들 흰 생명들은 이렇게 수많이 모여선 어디로 가 려는 것인고? 이는 자유의 도취 속에 부유함을 말함인가, 혹은 그는 우리의 참여하기 어려운 열락에 탐닉하고 있 음을 말함인가?

백설이여! 잠시 묻노니, 너는 지상의 누가 유혹했기에 이곳에 내려오는 것이며, 그리고 또 너는 공중에서 무질서의 쾌락을 배운 뒤에, 이곳에 와서 무엇을 시작하려는 것이냐? 천국의 아들이요. 경쾌한 족속이요, 바람의 희생자인 백설이여! 과연 뉘라서 너희의 무정부주의를 통제할 수 있으랴! 너희들은 우리들 사람까지를 너희의 혼란 속에 휩쓸어 넣을 작정일 줄은 알 수 없으되, 그리고 또 사실상 그 속에 혹은 기뻐이, 혹은 할 수 없이 휩쓸려 들어가는 자도 많이 있으리라마는, 그러나 사람이 과연 그런 혼탁한 과중에서 능히 견딜 수 있으리라고 너희는 생각하느냐?

　백설의 이 같은 난무는 물론 언제까지나 계속되는 것은 아니다. 일단 강설의 상태가 정지되면, 눈은 지상에 쌓여 실로 놀랄 만한 통일체를 혈출 시키는 것이니, 이와 같은 완전한 질서, 이와 같은 화려한 장식을 우리는 백설이 아니면 어디서 또다시 발견할 수 있을까? 그래서 그 주위에는 또한 하나의 신성한 정밀이 진좌하여, 그것은 우리에게 우리의 마음을 엿듣도록 명령하는 것이니, 이때 모든 사람은 긴장한 마음을 가지고 백설의 계시에 깊이 귀를 기울이지 않을 수 없는 것이다.

보라! 우리가 절망 속에서 기다리고 동경하던 계시는 참으로 여기 우리 앞에 와서 있지는 않는가? 어제까지도 침울한 암흑 속에 잠겨 있던 모든 것이 이제는 백설의 은총에 의하여 문득 빛나고 번쩍이고 약동하고 웃음치기를 시작하고 있기 때문이다. 말라붙은 풀포기, 앙상한 나뭇가지들조차 풍만한 백화를 달고 있음은 물론이요 꾀벗은 전야는 성자의 영지가 되고 공허한 정원은 아름다운 선물로 가득하다. 모든 것은 성화되어 새롭고 정결하고 젊고 정숙한 가운데 소생되는데, 그 질서, 그 정밀은 우리에게 안식을 주며, 영원의 해조에 대하여 말한다. 이때 우리의 회의는 사라지고, 우리의 두 눈은 빛나며, 우리의 가슴은 말할 수 없는 무엇을 느끼면서 위에서 온 축복을 향해서 오직 감사와 찬탄을 노래할 뿐이다.

눈은 이 지상에 있는 모든 것을 덮어 줌으로 의해서, 하나같이 희게 하고 아름답게 하는 것이지만, 특히 그 중에도 눈에 높이 덮인 공원, 눈에 안긴 성사, 눈 밑에 누운 무너진 고적, 눈 속에 높이 선 동상 등을 봄은 일단으로 더

흥취의 깊은 것이 있으니, 그것은 모두가 우울한 옛 시를 읽는 것과도 같이, 그 배후에는 알 수 없는 신비가 숨 쉬고 있는 듯한 느낌을 준다.

 눈이 내리는 공원에는 아마도 늙을 줄을 모르는 흰 사슴들이 떼를 지어 뛰어다닐지도 모르는 것이고, 저 성사 안심원에는 이상한 향기를 가진 앨러배스터의 꽃이 한 송이 눈 속에 외로이 피어 있는지도 알 수 없는 것이며, 저 동상은 아마도 이 모든 비밀을 저 혼자 알게 되는 것을 안타까이 생각하고 있을지도 모르기 때문이다.

 그러나 무어라 해도 참된 눈은 도회에 속할 물건이 아니다. 그것은 산중 깊이 천인만장의 계곡에서 맹수를 잡은 자의 체험할 물건이 아니면 아니 된다. 생각하여 보라! 이 세상에 있는 눈으로서는 여러 가지가 있을 것이니, 가령 열대의 뜨거운 태양에 쪼임을 받는 저 킬리만자로의 눈, 멀고 먼 옛날부터 아직껏 녹지 않고 안타르크리스에 잔존해 있다는 눈, 우랄과 알라스카의 고원에 보이는 적설, 또는 오자마자 순식간에 없어져 버린다는 상부 이태리의 눈 등 – 이러한 여러 가지 종류의 눈을 보지 않고는 도저히 눈에 대해서 말할 수 없다고 아니할 수 없다.

 그러나 불행히 우리의 눈에 대한 체험은 그저 단순히 눈
오는 밤에 서울 거리를 술집이나 몇 집 들어가며 배회하는
정도에 국한되는 것이지, 생각하면 사실 나의 백설부란 것
도 근거 없고, 싱겁기가 짝이 없다 할밖에 없다.

생활인의 철학 ㅡ 김진섭

철학을 철학자의 전유물인 것처럼 생각하고 있는 사람들이 많이 있다. 그러나 그렇게 생각하는 것도 결코 무리한 일은 아니니, 왜냐하면 그만큼 철학은 오늘날 그 본래의 사명 ― 사람에게 인생의 의의와 인생의 지식을 교시하려 하는 의도를 거의 방기하여 버렸고, 철학자는 속세와 절연하고, 관외에 은둔하여 고일한 고독경에서 오로지 자기의 담론에만 경청하고 있기 때문이다. 이와 같이, 철학과 철학자가 생활의 지각을 온전히 상실하여 버렸다는 것은 참으로 슬픈 일이다. 그러므로 생활 속에서 부단히 인생

의 예지를 추구하는 현대 중국의 '양식의 철학자' 임어당이 일찍이,

"내가 임마누엘 칸트를 읽지 않는 이유는 간단하다. 석 장 이상 더 읽을 수 있었던 적이 없기 때문이다."

라고 말했는데, 이 말은 논리적 사고가 과도의 발달을 성수하고 전문적 어법이 극도로 분화한 필연의 결과로서, 철학이 정치·경제보다도 훨씬 후면에 퇴거되어, 평상인은 조금도 양심의 가책을 느끼지 않고 철학의 측면을 통과하고 있는 현대 문명의 기묘한 현상을 지적한 것으로서, 사실상 오늘에 있어서는 교육이 있는 사람들도, 대개는 철학이 있으나 없으나 별로 상관이 없는 대표적 과제가 되어 있는 것을 부정하기는 어렵다.

그러나 나는 물론 여기서 소위 사변적·논리적·학문적 철학자의 철학을 비난하거나 공격하는 것이 목적이 아니다. 나는 오직 이러한 체계적인 철학에 대하여 인생의 지식이 되는 철학을 유지하여 주는 현철한 일군의 철학자가 있었던 것을 알고 있으며, 그러한 의미에서 철학자만이 철학을 가지고 있는 것이 아니요, 어느 정도로 인간적 통찰력과

사물에 대한 판단력을 가지고 있는 이상, 모든 생활인은 그 특유의 인생관 · 세계관, 즉 통속적 의미에서의 철학을 가질 수 있다는 것을 다음에 말하고자 함에 불과하다.

철학자에게 철학이 필요한 것과 같이 속인에게도 철학은 필요하다. 왜 그러냐 하면, 한가지 물건을 사는 데에 그 사람의 취미가 나타나는 것같이, 친구를 선택하는 데 있어서도 그 사람의 세계관, 즉 철학은 개재 되어야 할 것이요, 자기의 직업을 결정하는 경우에도, 그 근본적 계기가 되는 것은 물론 그 사람의 인생관이 아니어서는 아니되겠기 때문이다.

가령, 우리들이 결혼이라는 것을 한번 생각해 볼 때, 한 남자로서 혹은 한 여자로서 상대자를 물색함에 제하여 실로 철학은 우리들이 상상할 수 있는 것보다는 훨씬 많이 지배적이고도 결정적인 역할을 하게 됨을 알 수 있을 것이요, 우리들이 어떠한 방식으로 생활을 설계하느냐 하는 것도, 결국은 넓은 의미에서 우리들이 부지중에 채택한 철학에 의거하여 실행하게 되는 것이다.

우리들이 생활권 내에서 취하게 되는 모든 행동의 근저

에는 일반적으로 미학적 내지 윤리적 가치 의식이 횡재하여 있는 것이니, 생활인의 모든 행동은 반드시 어느 종류의 의미와 목적에 대한 관념을 내포하고 있다. 모든 사람은 소위 이상이라는 것을 가지고 있고, 그러한 이상이 각인의 행동과 운명의 척도가 되고 목표가 되는 것은 물론이려니와, 이상이란 요컨대 그 사람의 철학적 관점을 말하는 것이며, 그 사람의 일반적 세계관과 인생관에서 온 규범의 한 파생체를 말하는 것이다.

"내 마음이 선택의 주인공이 된 이래 그것이 그대를 천 사람 속에서 추려내었다."

고 햄릿은 그의 우인 호레이쇼에게 말하였다. 확실히 우인의 선택은 임의로운 의지적 행동이라고는 하나, 그러나 그것은 인생 철학에 기초를 두는 한, 이상의 지배를 받지 않을 수 없는 것이다.

햄릿은 그에 대하여 가치가 있는 인격체이며, '천지지간 만물'에 대한 이해력을 가지고 있으며, 그리하여 이 인생 생활을 저 천재적이나 극히 불운한 정말의 공자보다도 그 근본에 있어서 보다 잘 통어할 줄 아는 까닭으로, 호레이

쇼를 우인으로서 택한 것이다.

비단 이뿐이 아니요, 모든 종류의 심의활동 가치관의 지도를 받아 가며 부단히, 그리고 결정적으로 그 운명을 형성하여 가는 것이니, 적어도 동물적 생활의 우매성을 초극한 모든 사람은 좋든 궂든 하나의 철학을 가지는 것이다.

사람은 대개 이 인생에 대하여 무엇을 요구해야 할까를 알며, 그의 염원이 어느 정도로 당위와 일치하며, 혹은 배치될 지를 아는 것이니, 이것은 실로 사람이 인간 생활의 의의에 대하여 사유하는 능력을 가지기 때문에 오직 가능할 수 있는 것이다.

두말 할 것 없이 생활 철학은 우주 철학의 일부분으로서, 통상적인 생활인과 전문적인 철학자와의 세계관 사이에는, 말하자면 소크라테스와 트라지엔의 목양자의 사이에 볼 수 있는 것과 같은 현저한 구별과 거리가 있을 것은 물론이나, 많은 문제에 대하여 그 특유의 견해를 가지는 점에서는 동일한 철학자인 것이다.

나는 흔히 철학자에게서 생활에 대한 예지의 부족을 인식하고 크게 놀라는 반면에는, 농산어촌의 백성 또는 일개의 부녀자에게 철학적인 달관을 발견하여 깊이 머리를 숙이는 일이 불소함을 알고 있다. 생활인으로서의 나에게는 필부 필부의 생활체험에서 우러난 소박, 진실한 안식이 고명한 철학자의 난해한 칠봉인의 서보다는 훨씬 맛이 있다는 것을 고백하지 않을 수 없다. 원래 현실적 정세를 파악하고 투시하는 예민한 감각과 명확한 사고력은, 혹종의 여자에 있어서 보다 더 발견되어 있으므로, 나는 흔히 현실을 말하고 생활을 하소연하는 부녀자의 아름다운 음성에 경청하여, 그 가운데서 또한 많은 가지가지의 생활 철학을 발견하는 열락은 결코 적은 것이 아니다.

하나의 좋은 경구는 한 권의 담론서보다 나은 것이다. 그리하여 언제나 인생의 지식인 철학의 진의를 전승하는 현철이 존재한다는 것은 고마운 일이다.

그래서 이러한 무명의 현철은 사실상 많은 생활인의 머릿속에 숨어 있는 것이다. 생활의 예지 – 이것이 곧 생활인의 귀중한 철학이다.

신록예찬 — 이양하

봄, 여름, 가을, 겨울 두루 사시를 두고 자연이 우리에게 내리는 혜택에는 제한이 없다. 그러나 그 중에도 그 혜택을 풍성히 아낌없이 내리는 시절은 봄과 여름이요, 그 중에도 그 혜택을 가장 아름답게 나타내는 것은 봄, 봄 가운데도 만산에 녹엽이 싹트는 이 때일 것이다.

눈을 들어 하늘을 우러러보고 먼 산을 바라보라. 어린애의 웃음같이 깨끗하고 명랑한 5월의 하늘, 나날이 푸르러 가는 이 산 저 산, 나날이 새로운 경이를 가져오는 이 언덕 저 언덕, 그리고 하늘을 달리고 녹음을 스쳐오는 맑고 향기로운 바람 – 우리가 비록 빈한하여 가진 것이 없다 할지라도, 우리는 이러한 때 모든 것을 가진 듯하고, 우리의 마음이 비록 가난하여 바라는 바, 기대하는 바가 없다 할지라도, 하늘을 달리어 녹음을 스쳐오는 바람은 다음 순간에라도 곧 모든 것을 가져올 듯하지 아니한가?

오늘도 하늘은 더할 나위 없이 맑고, 우리 연전 일대를 덮은 신록은 어제보다도 한층 더 깨끗하고 신선하고 생기 있는 듯하다. 나는 오늘도 나의 문법 시간이 끝나자, 큰 무거운 짐이나 벗어 놓은 듯이 옷을 훨훨 떨며, 본관 서쪽 숲 사이에 있는 나의 자리를 찾아 올라간다.

나의 자리래야 솔밭 사이에 있는 겨우 걸터앉을 만한 조그마한 소나무 그루터기에 지나지 못하지마는, 오고 가는 여러 동료가 나의 자리라고 명명하여 주고, 또 나 자신도 하루 동안에 가장 기쁜 시간을 이 자리에서 가질 수 있으므로, 시간의 여유가 있을 때마다 나는 한 특권이나 차지하는 듯이, 이 자리를 찾아 올라와 앉아 있기를 좋아한다.

물론, 나에게 멀리 군속을 떠나 고고한 가운데 처하기를 원하는 선골이 있다거나, 또는 나의 성미가 남달리 괴팍하여 사람을 싫어한다거나 하는 것은 아니다. 나는 역시 사람 사이에 처하기를 즐거워하고, 사람을 그리워하는 갑남을녀의 하나요. 또 사람이란 모든 결점이 있음에도 불구하고, 역시 가장 아름다운 존재의 하나라고 생각한다.

그리고 또, 사람으로서도 아름다운 사람이 되려면 반드시 사람 사이에 살고, 사람 사이에서 울고 웃고 부대껴야 한다고 생각한다.

그러나 이러한 때 – 푸른 하늘과 찬란한 태양이 있고, 황홀한 신록이 모든 산, 모든 언덕을 덮는 이 때, 기쁨의 속삭임이 하늘과 땅, 나무와 나무, 풀잎과 풀잎 사이에 은밀히 수수되고, 그들의 기쁨의 노래가 금시라도 우렁차게 터져 나와, 산과 들을 흔들 듯한 이러한 때를 당하면, 나는 곁에 비록 친한 동무가 있고, 그의 재미있는 이야기가 있다 할지라도, 이러한 자연에 곁눈을 팔지 않을 수 없으며, 그의 기쁨의 노래에 귀를 기울이지 아니할 수 없게 된다. 그리고 또, 어떻게 생각하면, 우리 사람이란 – 세속에 얽매여 머리 위에 푸른 하늘이 있는 것을 알지 못하고, 주머니의 돈을 세고, 지위를 생각하고, 명예를 생각하는데 여념이 없거나, 또는 오욕 칠정에 사로잡혀, 서로 미워하고 시기하고 질투하고 싸우는 데 마음에 영일을 가지지 못하는 우리 사람이란, 어떻게 비소하고 어떻게 저속한 것인지, 결국은 이 대자연의 거룩하고 아름답고 영광스러운 조화를 깨뜨리는 한 오점 또는 한 잡음 밖에 되어 보이지 아니하여, 될 수 있으면 이러한 때를 타서 잠깐 동안이나마 사람을 떠나, 사람의 일을 잊고, 풀과 나무와 하늘과 바람과 한가지로 숨 쉬고 느끼고 노래하고 싶은 마음을 억제할 수가 없다.

그리고 또, 사실 이즈음의 신록에는 우리의 마음에 참다운 기쁨과 위안을 주는 이상한 힘이 있는 듯하다. 신록을 대하고 있으면, 신록은 먼저 나의 눈을 씻고, 나의 머리를 씻고, 나의 가슴을 씻고, 다음에 나의 마음의 구석구석을 하나하나 씻어낸다.

그리고 나의 마음의 모든 티끌 - 나의 모든 욕망과 굴욕과 고통과 곤란이 하나하나 사라지는 다음 순간, 별과 바람과 하늘과 풀이 그의 기쁨과 노래를 가지고 나의 빈 머리에, 가슴에, 마음에 고이고이 들어앉는다. 말하자면, 나의 흉중에도 신록이요, 나의 안전에도 신록이다. 주객일

체, 물심일여라 할까, 현요하다 할까, 무념무상, 무장무애, 이러한 때 나는 모든 것을 잊고, 모든 것을 가진 듯이 행복스럽고, 또 이러한 때 나에게는 아무런 감각의 혼란도 없고, 심정의 고갈도 없고, 다만 무한한 풍부의 유열과 평화가 있을 따름이다.

그리고 또, 이러한 때에 비로소 나는 모든 오욕과 모든 우울에서 완전히 자유로울 수 있고, 나의 마음의 상극과 갈등을 극복하고 고양하여, 조화 있고 질서 있는 세계에까지 높인 듯한 느낌을 가질 수 있다.

그러기에, 초록에 한하여 나에게는 청탁이 없다. 가장 연한 것에서 가장 짙은 것에 이르기까지 나는 모든 초록을 사랑한다. 그러나 초록에도 짧으나마 일생이 있다. 봄바람을 타고 새 움과 어린 잎이 돋아 나올 때를 신록의 유년이라 한다면, 삼복 염천 아래 울창한 잎으로 그늘을 짓는 때를 그의 장년 내지 노년이라 하겠다.

유년에는 유년의 아름다움이 있고, 장년에는 장년의 아름다움이 있어 취사하고 선택할 여지가 없지마는, 신록에 있어서도 가장 아름다운 것은 역시 이즈음과 같은 그의 청춘 시대 – 움 가운데 숨어 있던 잎의 하나하나가 모두 형태를 갖추어 완전한 잎이 되는 동시에, 처음 태양의 세례를 받아 청산하고 발랄한 담록을 띠는 시절이라 하겠다. 이 시대는 신록에 있어서 불행히 짧다. 어떠한 나무에 있어서는 혹 2, 3주일을 셀 수 있으나, 어떤 나무에 있어서는 불과 3, 4일이 되지 못하여, 그의 가장 아름다운 시절은 지나가 버린다.

그러나 이 짧은 동안의 신록의 아름다움이야말로 참으로 비할 데가 없다. 초록이 비록 소박하고 겸허한 빛이라 할지라도, 이러한 때의 초록은 그의 아름다움에 있어, 어떤 색채에도 뒤서지 아니할 것이다. 예컨대, 이러한 고귀한 순간의 단풍, 또는 낙엽송을 보라. 그것이 드물다 하면, 이즈음의 도토리, 버들, 또는 임간에 있는 이름 없는 이 풀 저 풀을 보라. 그의 청신한 자색, 그의 보드라운 감촉, 그리고 그의 그윽하고 아담한 향훈, 참으로 놀랄 만한 자연의 극치의 하나가 아니며, 우리가 충심으로 찬미하고 감사를 드릴 만한 자연의 혜택의 하나가 아닌가?

매화 ─ 김용준

 댁에 매화가 구름같이 피었더군요.가난한 살림도 때로는
운치가 있는 것입니다. 그 수묵 빛깔로 퇴색해 버린 장지
도배에 스며드는 묵흔처럼 어렴풋이 한두 개씩 살이 나타
나는 완자창 위로 어쩌면 그렇게도 소담스런, 희멀건 꽃
송이들이 소복한 부인네처럼 그렇게도 고요하게 필 수가
있습니까.

 실례의 말씀이오나, '하도 오래간만에 우리 저녁이나 같
이 하자'고 청하신 선생의 말씀에 서슴치 않고 응한 것도
실은 선생을 대한다는 기쁨보다는 댁에 매화가 성개하였

다는 소식을 들은 때문이요, 십 리나 되는 비탈길을 얼음 빙판에 코방아를 찧어가면서 그 초라한 선생의 서재를 황혼 가까이 찾아 갔다는 이유도 댁의 매화를 달과 함께 보려 함이었습니다.

매화에 달 이야기가 났으니 말이지, 흔히 세상에서들 매화를 말하려 함에 으레 암향과 달과 황혼을 들더군요.

선생의 서재를 황혼에 달과 함께 찾았다는 나도 속물이거니와, 너무도 유명한 임포의 시가 때로는 매화를 좀 더 신선하게 사랑하고 싶은 사람에게는 한 방해물이 되기도 하는 것입니다.

화초를 상완하는 데도 매너리즘이 필요한 까닭이 있나요. 댁에 매화가 구름같이 자못 성관으로 피어 있는 그 앞에 토끼처럼 경이의 눈으로 쪼그리고 앉은 나에게, 두보의 시구나 혹은 화정의 고사가 매화의 품위를 능히 좌우할 여유가 있겠습니까.

하고많은 화초 중에 하필 매화만이 좋으란 법이 어디 있나요. 정이 든다는 데는 아무런 조건이 필요하지 않는가봅니다.

계모 밑에 자란 자식은 배불리 먹어도 살이 찌는 법이 없고, 남자가 심은 난초는 자라기는 하되 꽃다움이 없다는군요.

대개 정이 통하지 않은 소이라 합니다.

연래로 나는 하고많은 화초를 심었습니다. 봄에 진달래와 철쭉을 길렀고, 여름에 월계와 목련과 핏빛처럼 곱게 피는 다알리아며, 가을엔 울 밑에 국화도 심어 보았고, 겨울이면 내 안두에 물결같은 난초와 색시 같은 수선이며, 단아한 선비처럼 매화분을 놓고 살아온 사람입니다. 철 따라 어느 꽃, 어느 풀이 아름답고 곱지 않은 것이 있으리오마는, 한 해 두 해 지나는 동안 내 머리에서 모든 꽃이 다 사라져 버렸습니다. 그러나 오히려 내 기억에서 종시 사라지지 않는 꽃, 매화만이 유령처럼 내 신변을 휩싸고 떠날 줄을 모르는구려.

매화의 아름다움이 어디 있느뇨?

세인이 말하기를, 매화는 늙어야 한다 합니다. 그 늙은 등걸이 용의 몸뚱어리처럼 뒤틀려 올라간 곳에 성긴 가지가 군데군데 뻗고, 그 위에 띄엄띄엄 몇 개씩 꽃이 피는데 품위가 있다 합니다.

매화는 어느 꽃보다 유덕한 그 암향이 좋다 합니다.

백화가 없는 빙설리에서 홀로 소리쳐 피는 꽃이 매화밖에 어디 있느냐 합니다.

혹은 이러한 조건들이 매화를 아름답게 꾸미는 점일는지도 모르겠습니다.

그러나 내가 매화를 사랑하는 마음은 실로 이러한 많은 조건이 멸시된 곳에 있습니다.

그를 대하매 아무런 조건 없이 내 마음이 황홀하여지는데야 어찌 하리까.

매화는 그 둥치를 꾸미지 않아도 좋습니다. 제 자라고 싶은 대로 우뚝 뻗어서 제 피고 싶은 대로 피어오르는 꽃들이 가다가 훌쩍 향기를 보내기도 하고, 또 어느 때는 제가 방 한구석에 있는 체도 않고 은사처럼 겸허하게 앉아 있는 품이 그럴 듯합니다.

나는 구름같이 핀 매화 앞에 단정히 앉아 행여나 풍겨 오는 암향을 다칠세라 호흡도 가다듬어 쉬면서 격동하는 심장을 가라앉히기에 힘을 씁니다. 그는 앉은 자리에서 나에게 곧 무슨 이야긴지 속삭이는 것 같습니다.

매화를 대할 때의 이 경건해지는 마음이 위대한 예술을 감상할 때의 심경과 무엇이 다르겠습니까.

내 눈앞에 한 개의 대리석상이 떠오릅니다. 그리스에서도 유명한 페이디아스의 작품인가 보아요.

다음에 운강과 용문의 거대한 석불들이 아름다운 모든 조건을 구비하고서 내 눈앞에 황홀하게 나타납니다.

그러나 수유에 이 여러 환영들은 사라지고, 신라의 석불이 그 부드러운 곡선을 공중에 그리면서 아무런 조건도 없이 눈물겹도록 아름다운 자세로 내 눈을 현황하게 합니다.

그러다가 나는 다시 희멀건 조선조의 백사기를 봅니다. 희미한 보름달처럼 아름답게, 조금도 그의 존재를 자랑함이 없이 의젓이 제자리에 앉아 있습니다. 그 수줍어하는 품이 소리쳐 불러도 대답할 줄 모를 것 같구려. 고동의 빛이 제아무리 곱다 한들, 용천요의 품이 제아무리 높다 한들 이렇게도 적막한 아름다움을 지닐 수 있겠습니까.

댁에 매화가 구름같이 핀 그 앞에서 나의 환상은 한없이 전개됩니다. 그러다가 다음 순간 나는 매화와 석불과

백사기의 존재를 모조리 잊어버립니다. 그리고 잔잔한 물결처럼 내 마음은 다시 고요해집니다. 있는 듯 만 듯한 매화 향기가 내 코를 스치는구려. 내 옆에 선생이 막 책장을 넘기시는 줄을 어찌 알았으리요.

요즈음은 턱없이 분주한 세상이올시다. 기실 나 남 할 것 없이 몸보다는 마음이 더 분주한 세상이올시다.

바로 일전이었던가요. 어느 친구와 대좌하였을 때, 내가 "X선생 댁에 매화가 피었다니 구경이나 갈까?" 하였더니 내 말이 맺기도 전에 그는 "자네도 꽤 한가로운 사람일세." 하고 조소를 하는 것이 아닙니까.

나는 먼 산만 바라보았습니다.

어찌어찌하다가 우리는 이다지도 바빠졌는가. 물에 빠져 금시에 죽어 가는 사람을 보고

"그 친구 인사나 한 자였다면 건져 주었을걸."

하는 영국풍의 침착성은 못 가졌다 치더라도, 이 커피는 맛이 좋으니 언짢으니, 이 그림은 잘 되었느니 못 되었느니 하는 터수에 빙설을 누경하여 지루하게 피어난 애련한 매화를 완상할 여유조차 없는 이

다지도 냉회 같이 식어버린 우리네의 마음이리까?

– 정해 입춘, X선생 댁의 노매를 보다.

조선 청년에게 — 한용운

 새해를 맞이하면서 조선 청년에게 몇 마디 말을 부치게 되는 것도 한때의 기회라면 기회다. 그러한 말을 하려고 생각할 때에는 할 말이 하도 많아서 이루 다 할 수가 없을 것 같더니, 글을 쓰려고 붓을 들고 보니 다시 말이 없자 한다. 그래서 나의 말은 거칠고 짧다.

 여기서 특별한 의미를 찾으려는 것보다 한 줄기의 정곡으로 알아준다면 좋을 것이다. 그러나 독자 여러분은 거친 말을 다듬어 읽고, 짧은 글을 길게 볼 수도 있을 것이다. 지금의 우리들의 이심전심이 상승되는 까닭이다. 다시 말하면, 괴로운 형식으로 표현된 거친 말과 짧은 글을 독자의 가슴 깊은 속으로부터 다듬어 보고 길게 읽을 수가 있다는 말이다. 이것이 우리들의 고통이 되는 동시에, 따라서 흥미가 되는 것이라고 말할는지도 모르는 것이다.

현대의 조선 청년을 가리켜 불운아라고 말하는 사람이 있다면 그것은 누구냐?

어리석은 촌학구의 말이 아니면, 근시안적 유부의 소견일 것이다. 현금의 조선 청년의 주위를 싸고도는 모든 환경이 거슬려 부딪쳐 하나에서 둘까지, 뒤에서 앞까지 모두가 고르지 못한 역경인 전차로, 그것을 보고서 현대의 조선 청년은 불운아라고 할 지도 모른다.

그러나 그것을 가리켜 어리석고 근시안적 소견이라 하는 것이다. 그것은 만지 풍설, 차고 거친 틀에서 바야흐로 맑은 향기를 토하려는 매화나무에 아름답고 새로운 생명이 가만히 움직이고 있는 것과 같은 논법이 될 것이다. 현금의 조선 청년은 시대적 행운아이다. 바꾸어 말하자면, 현대는 조선 청년에게 행운을 주는 득의의 시대다. 조선 청년의 주위는 역경인 까닭이다.

역경을 깨치고 아름다운 낙원을 자기의 손으로 건설할 만한 기운에 제회하였다는 말이다. 불행히 승평한 시대에 나서 하염없이 살지 않고, 다행히 유위의 시대에 나서 좋은 일을 제 손으로 많이 할 수 있다는 말이다.

기마는 마구에서 늙는 것을 싫어하고, 용사는 임에서 죽는 것을 부끄러워한다. 예로부터 하염있는 사람들은 불운을 슬퍼하느니, 하염있는 사람들의 이른바 불우라는 것은 아무 일도 할 만한 자료가 없는 미지근한 승평 시대를 가리킨 것일 것이다.

아아, 좋은 일의 자료가 되는 역경에 싸여 있는 조선 청년은 득의의 행운아일지 모른다. 좋은 일을 하기 위하여 일정한 목표를 바라고 나갈 뿐이다. 인생은 좋은 표준을 세우고 자동적으로 고결하게 진행하는 것이 가장 귀한 것이다. 그러므로 나의 표준을 바라고 나감에는 앞에 지장이 없고 뒤에 마가 없는 것이다. 가다가 가지 못한다면 그것은 육체요, 정신은 아닐 것이다. 나침반은 지방과 기후의 차이를 좇아서 지침의 방향을 고치는 것은 아니다. 사람은 환경의 순역을 따라서 표준을 변하는 것은 아니다.

조가비로 한강수를 마르게 할 수가 있고, 삼태기로 백두을 옮길 수가 있느니라.

 이론가들의 말을 빌어 말하면, 행복의 과는 곤란의 인에서 난다. 현재의 향복은 과거인의 피와 땀의 대가이다. 그렇다면 후대 아손에게 향복의 유산을 끼쳐 주기 위하여 피와 땀을 흘리게 되는 현대의 조선 청년은 행운아이다.

 나는 구구한 이론을 많이 쓰기는 싫다. 다시 말하면, 독자 여러분의 눈으로 볼 만한 글을 많이 쓰기는 싫다. 다만 마음으로 읽을 만한 뜻을 조금 썼으면 족하다. 소석은 원래로 말이 없느니라. 그러나 적은 말에도 참이 있다면 급한 조수에 몰려서 판국이 어지러운 작은 돌도 점두 하느니라.

 조선 청년은 자애하라.

유경식보 ― 이효석

평양에 온지 사 년이 되나 자별스럽게 기억에 남는 음식
을 아직 발견하지 못했습니다. 생활의 전반 규모에 그 무
슨 전통의 아름다음이 있으려니 해서 몹시 눈은 살피나
종시 그런 것이 찾아지지 않습니다.

거처하는 집의 격식이나 옷맵시나 음식 범절에 도시 그
윽한 맛이 적은 듯합니다. 이것은 평양 사람 자신도 인정
하는 바로, 언제인가 평양의 자랑을 말하는 좌담회에 출
석했을 때 들어 보아도 그들 자신으로도 이렇다 하는 음
식을 못 들었습니다.

가령 서울과 비교하면, 감히 비교할 바 못 되겠지만, 진진하고 아기자기한 맛이 적고 대체로 거칠고 단하고 뻣뻣스럽습니다. 잔칫집 음식도 먹어 보고 요정에도 올라 보았으나 어디나 다 일반입니다. 요정에 올라서 평양의 진미를 구하려 함은 당초에 그른 일이어서 평양의 진미는 커녕 식탁에 오르는 것은 조선 음식이 아니고 정체모를 내외범벅의 당치 않은 것들뿐입니다. 그리고 음식상이라기보다는 대개가 술상의 격식입니다. 술을 먹으러 갈 데지 음식을 가지가지 맛보러 갈 데는 아닙니다. 차라리 요정보다는 거리의 국수집이 그래도 평양의 음식을 자랑하고 있는 성싶습니다.

평양냉면은 유명한 것으로 치는 듯하나 서울냉면만큼 색깔이 희지 못합니다. 하기는 냉면의 맛은 반드시 색깔로 가는 것은 아니어서 관북 지방에서 먹은 것은 빛은 가장 검고 칙칙했으나 서울이나 평양 그 어느 곳보다도 나았습니다. 그러나 평양 온 후로는 까딱 냉면을 끊어 버린 까닭에 평양냉면의 진미를 아직 모르고 있습니다. 그렇다고 다시 시작해 볼 욕심도 욱기(참지 못하고 앞뒤 헤아림 없이 격한 마음이 불끈 일어나는 성질 또는 사납고 괄괄한 성질)도 나지는 않습니다. 냉면보다는 되려 온면을 즐겨해서 이것은 꽤 맛을 들여 놓았습니다. 그러나 이것도 장국보다는 맛이 윗길이면서도 어북장국보다는 한결 떨어집니다. 잔잔하고 고소한 맛이 없고 그저 담담합니다.

이것이 평양 음식 전반의 특징입니다만, 육수 그릇을 대하면 그 멀겋고 멋없는 꼴에 처음에는 구역이 납니다. 익숙해지면 차차 나아는 가나 설렁탕이 이보다 윗길일 것은 사실입니다.

친한 벗이 있어 추석이 되면 노티를 가져다줍니다. 일종의 전병으로 수수나 쌀로 달게 지진 것입니다. 너무 단 까닭에 과식을 할 수 없는 것이 노티의 덕이라면 덕일 듯합니다. 나는 이 노티보다도 차라리 같은 벗의 집에서 먹는 만두를 훨씬 훌륭한 것으로 생각합니다. 호만두보다도 그어떤 만두보다 나았습니다. 평양의 자랑은 국수가 아니고 만두여야 할 것 같습니다.

동무라면 또 한 동무는 이른 봄에 여러 차례나 간장병과 떡 주발과 김치 그릇을 날라다 주었는데 이 김치의 맛이

일미여서 어느 때나 구미가 돌지 않을 때에는 번번이 생각
납니다. 봄이건만 까딱 변하지 않는 김치의 맛, 시원한 그
맛은 재찬삼미해도 오히려 부족합니다.

 대체로 평양의 김치는 두 가지 격식이 있는 듯해서 고추
양념을 진하게 하는 것과 얇게 하는 것이 있습니다. 거의
소금만으로 절여서 동치미같이 희고 깨끗하고 시원한 것,
이것이 그 일미의 김치인데 한 해 겨울 그 동무와 몇 사람
의 친구와 함께 휩쓸려 늦도록 타령을 하다가 곤드레만드
레 취한 김에 밤늦게 그 동무의 집으로 습격을 가서 처음
맛본 것이 바로 그 김치였던 것입니다.

 단 두 칸밖에 안 되는 방에 각각 부인과 일가 아이들이 누
워 있었던 까닭에 동무는 방으로는 인도하지 못하고 대문
옆 노대에 벌벌떠는 우리들을 앉히고 부인을 깨워 일으키
더니 대접한다는 것이 찬 김치에 만 밥, 소위 짠지밥(김치
와 짠지는 다른 것임을 평양에서는 일률로 짠지라고 일컫
습니다)이었습니다. 겨울에 되려 아이스크림을 먹는다더
니 찬 하늘 아래에서 벌벌 떨면서 먹은 김치의 맛은 취중
의 행사였다고는 해도 잊을 수 없는 것입니다.

북쪽일수록 음식에 고추를 덜 쓰는 모양인데 이곳에서 김치를 이렇게 싱겁게 담는 격식은 관북 지방의 풍습과도 일맥 통하는 것이 있습니다. 요새 의학박사 양반이 고춧가루의 해독을 자꾸만 일러 주는 판인데 앞으로의 김치는 그 방법에 일대 개혁을 베풀어 이 평양의 식을 따면 어떨까 합니다.

나는 가정의 주부들에게 이것을 적극적으로 권하고 싶습니다. 단지 의학박사가 아닌 까닭에 잠자코 있을 뿐입니다.

잔칫집에서 가져오는 약과와 과줄은 요릿집 식탁에 오르는 메추리알이나 갈매기알과 함께 멋없고 속없는 것입니다. 약과는 굳고 과줄은 검습니다. 다식이니 정과니 하는 유는 찾으려야 찾을 수 없습니다. 없는 모양입니다.

중요한 음식의 하나가 야키니쿠(불고기)인데 고기를 즐기는 평양사람의 기질을 그대로 반영시킨 음식인 듯합니다. 요리법으로 가장 단순하고 따라서 맛도 담백합니다. 스키야끼(쇠고기와 파 등 여러 가지 재료를 간장으로 맛을 내어 먹는 냄비 전골) 같이 연하지도 않거니와 갈비같이 고소하지도 않습니다. 소담한 까닭에 몇 근이고 간에 양을 사양하지 않는답니다. 평양 사람은 대개 골격이 굵고 체질이 강장하고 부한 편이 많은데 행여나 야키니쿠의 덕이 아닌가 혼자 생각에 추측하고 있습니다.

다만 야키니쿠라는 이름이 초라하고 속되어서 늘 마음에 걸립니다. 적당한 명사로 고쳐서 보편화시키는 것이 이 고장 사람의 의무가 아닐까 합니다. 말이란 순수할수록 좋은 것이지 뒤섞고 범벅하고 옮겨온 것은 상스럽고 혼란한 느낌을 줄 뿐입니다.

마지막으로 어죽을 듭니다. '물고기죽' 이란 말이나 실상은 물고기보다도 닭고기가 주장이 되는 듯합니다. 닭과 물고기로 쑨 흰 죽을 고추장에 버무려 먹습니다. 여름 한철의 진미로서 아마도 천렵의 풍습의 유물로 끼쳐진 것인 모양입니다.

제철에 들어가 강놀이가 시작되면 반월도를 중심으로 섬과 배 위에 어죽놀이의 패가 군데군데에 벌어집니다. 물속에서 첨벙거리다나와 피곤한 판에 먹는 죽의 맛이란 결코 소홀히 볼 것이 아닙니다.

동해안 바닷가에서 홍합죽이라는 것을 먹은 적이 있는데 그 조개로 쑨 죽과는 맛이 흡사한데다가 양편 다 피곤한 기회를 기린 것이라 구미 작은 여름의 음식으로 이 죽들은 확실히 공이 큰 듯합니다.

늪의 신비 — 이효석

노루먹 고개를 바로 넘는 곳에 산비탈을 끼고 기다란 늪이 있었다. 이끼 낀 푸른 물이 언제든지 고요하게 고였고 골과 잔버들이 군데군데 모였고 넓은 진펄이 주위를 둘러쌌다.

부근에는 인가가 없어서 가랑비나 오는 진날이면 근처 일대가 더한층 께끔하고 (꺼림칙하여 마음이 내키지 않고) 무서웠다.

봉평까지 이십 리요. 대화까지는 삼십 리요, 진부까지는 오십 리의 지점에 있는 늪이었다.

늪 속에는 이심이(뿔이 용도 아닌 이상한 동물 인형)가 있다는 것이었다. 뿔이 돋고 여의주를 얻으면 비 오는 날 검은 구름을 타고 하늘에 오른다는 이심이를 본 사람도 없고 잡은 사람도 없으나 이 이야기는 기괴한 상상으로 가슴을 눌렀다.

제일 큰 뱀장어보다도 제일 큰 구렁이보다도 더 큰 괴물이 늪 속에 꿈틀거리고 잠겼을 것이니 그믐밤에는 물 속에서 고개를 들고 길 가는 사람을 후려 가지 않으리라고 누가 장담하랴.

깊고 우중충한 늪 속에는 비록 이심이가 아니라도 확실히 두려운 그 무엇이 있을 것은 사실이다. 보이지 않는 곳에 반드시 그 무엇이 없을 법은 없다. 늪은 신비의 못이요 전설의 도가니다. 확실히 어둠 속의 여인의 눈 속 이상의 신비를 간직한 것이 곧 늪이다.

벽 ─ 이태준

뉘 집에 가든지 좋은 벽면을 가진 방처럼 탐나는 것은 없다. 넓고 멀찍하고 광선이 간접으로 어리는, 물속처럼 고요한 벽면, 그런 벽면에 낡은 그림이나 한 폭 걸어 놓고 혼자 바라보고 앉았는 맛, 그런 벽면 아래에서 생각을 소화하며 어정거리는 맛, 더러는 좋은 친구와 함께 바라보며 화제 없는 이야기로 날 어둡는 줄 모르는 맛, 그리고 가끔 다른 그림으로 갈아 걸어 보는 맛, 좋은 벽은 얼마나 생활이, 인생이 의지할 수 있는 것일까!

어제 K군의 입원으로 S병원에 가 보았다. 새로 지은 병실, 이등실, 세 침대가 서로 좁지 않게 주르르 놓여 있고 앞에는 널따란 벽면이 멀찍하니 떠 있었다. 간접 광선인 데가 크림빛을 칠해 한없이 부드럽고 은은한 벽이었다.

우리는 모두 좋은 벽이라 했다. 그리고 아까운 벽이라 했다. 그렇게 훌륭한 벽면에는 파리 하나 머물러 있지 않았다.

다른 벽면도 그랬다. 한군데는 유리창이 하나 있을 뿐, 넓은 벽면들은 모두 여백인 채 사막처럼 비어 있었다. 병상에 누운 환자들은 그 사막 위에 피곤한 시선을 달리고 하다가는 머무를 곳이 없어 그만 눈을 감아 버리곤 했다. 나는 감방의 벽면이 저러려니 생각되었다. 그리고 더구나 화가인 K군을 위해서 그 사막의 벽면에다 만년필의 잉크라도 한 줄기 뿌려 놓고 싶었다.

벽이 그립다.

멀찍하고 은은한 벽면에 장정 낡은 옛 그림이나 한 폭 걸어 놓고 그 아래 고요히 앉아 보고 싶다. 배광이 없는 생활일수록 벽이 그리운가 보다.

화초 ─ 이효석

무슨 꽃이 제일 좋으냐 물을 때 이 '제일'이 가장 대답하기 곤란하다. 미인들을 늘어세우고 누가 제일 마음에 드느냐 묻는다면 조금도 후회 없을 무리한 대답을 할 사람이 드물 것과도 마찬가지다.

장미를 제일이라고 대답한 사람이 튤립이나 카네이션의 여태를 보고 애틋한 뉘우침이 없을 것인가. 노방의 왜소한 한 포기 채송화에겐들 마음을 혹하지 않을 것인가.

다 좋은 것이다. 꽃에 관한 한 공연한 투정을 부리고 기호를 까다롭게 선언함같이 어리석은 짓은 없다. 꽃에 관한 한 일원적 귀결의 필요는 없는 것이며 박애주의가 반드시 취미의 범속됨의 좌증도 아닌 것이다.

마음이 잔뜩 가스러져서 그른 것을 보나 좋은 것을 보나 반드시 한마디 이치를 캐고 공격을 해야만 마음이 시원한 현대인의 교지에 대한 화초애의 순진성이 하나의 교정 역이 되기를 바란다.

왜곡된 교지 앞에 무엇인들 아름답고 좋은 것이 있으랴. 다 흠이 있어 보이고 차지 않아 보인다. 아름다운 것을 헐어 보고 완전체를 바늘 끝으로 따작거려 흠을 발견해 내기란 누구나 할 수 있는 가장 쉬운 노릇이다.

그러나 슬픈 일인 것이다. 그런 말초적 교지란 제 스스로를 불행하게 만들 뿐이다. 그릇된 산문정신으로 행여나 마음의 순결성까지를 몽땅 잃지 말 것이다. 솔직하게 감동할 수 있는 마음만이 참된 대지를 낳는다. 화초를 바라보고 바보같이 감동할 수 있는 심정을 배움이 좋다고 생각한다.

카나리아를 오륙 년째 심어오는 것은 이 꽃이 제일이라고 생각한 탓은 아니나 그러나 또 장미 같은 꽃보다 못하다고도 생각지 않은 까닭이다.

일년생의 초목이요 초본과의 꽃으로 세상의 화당은 그

다지 귀하게 치지는 않는 것이나 카나리아의 감각은 버릴 수 없이 아담한 것이다. 신선한 잎새가 식욕을 느끼게 하고 가느다란 대궁 위에 점점이 피는 붉은 꽃은 여인의 파자마의 보풀보풀한 붉은 단추를 생각케 한다고 할까.

왕가새의 일종으로, 말하자면 그것의 양종이다. 야생의 거칠고 빛도 변변치 못한 왕가새에 비길 바가 아니다. 깨끗하고 선명하고 조금 화려한 것이 뭇꽃 중에서 가히 상줄 만하다. 푸른꽃, 가령 시차초 등속도 좋으나, 속에 이 꽃을 섞어 심어 가을 늦게까지 그 붉고 푸른 대조를 바라봄은 유쾌한 일이다.

나는 이 꽃을 내 집뜰 이외에서 본 적이 없다. 아마 이 종자의 보지자는 이 고장에서는 나 혼자일런지도 모른다. 절종을 겁내 가을이면 반드시 씨를 받아서는 간직해 내려오는 중이다. 소설책을 낼 때 화가 C는 장정에 이 꽃의 모양을 뜨려고 화첩을 가지고 와서 여러 장의 세밀한 스케치를 해 갔다. 결국 쓰이지는 않았으니 언제나 한번 이 꽃의 찬을 쓰고자 한다.

나무꽃도 좋기는 하 나 좁은 들을 치장하는 데는 역시 일년생의 초본화가 적당한 듯하다. 평범은 하나 나는 해마다 심는 그꽃 그대로를 계속해 온다. 카나리아에 레플록스, 샐비어, 프리뮬러, 시차초, 애스터 등속을 족생시킨다. 흰 꽃이 피는 장미와 라일락은 도리어 이를 옮겨 뜰 구석쟁이로 귀양 보내고 말았다.

맨스필드는 단편 속 여주인공으로 하여금 라일락은 꽃이 아니라고 말하게 했다. 나도 동감이다. 향기가 좋을 뿐이지 훌륭한 꽃이 못 된다. 담자색의 빛깔은 그윽하다느니보다는 우울하고 첫째 꽃의 모양이 분명하지 못하다. 매마친 데가 없고 난잡하게 헤벌어져서 꽃의 옳은 모양을 잃어버렸다.

품 있는 꽃의 할 짓이 아니다.

진홍의 줄기장미를 심어 뜰에 문을 만들어 보았으면 하는 생각은 있어도 나무꽃을 심어 보고 싶은 욕심은 없다. 잡초 속에 키 얕은 화초 우거진 것이 가장 운치 있는 것이다. 뜰 한구석에 고사리 포기나 우거지고, 도라지꽃이나 사이사이에 되어 있다면 여름 화초의 아취, 그에 지남이 있을까.

손 — 계용묵

종이에 손을 베였다.

보던 책을 접어서 책꽂이 위에 던진다는 게 책꽂이 뒤로 넘어가는 것 같아. 넘어가기 전에 그것을 붙잡으려 저도 모르게 냅다 나가는 손이 그만 책꽂이 위에 널려져 있던 원고지 조각의 가장자리에 힘껏 부딪쳐 스쳤던 모양이다. 산듯하기에 보니 장손가락의 둘째 마디 위에 새빨간 피가 비죽이 스며 나온다. 알알하고 아프다. 마음과 같이 아프다.

차라리 칼에 베었던들, 그리고 상처가 좀 더 크게 났던들, 마음조차야 이렇게 피를 보는 듯이 아프지는 않을 것이다.

나는 칼 장난을 좋아해서 가끔 손을 벤다. 내가 살아오는 사십 년 가까운 동안 칼로 손을 베여 보기 무릇 기백 회는 넘었으리라 짐작된다. 그러나 그때 그때마다 그 상처에의 아픔을 느꼈을 뿐 마음에 동요를 받아 본 적은 없다.

그렇던 것이 칼로도 아니고 종이에 손을 베인 이제, 그리고 그 상처가 겨우 피를 내어 모를 만치 그렇게 미미한 상처에 지나지 않는 것이언만 오히려 마음은 아프다. 종이에 손을 베이다니! 종이보다도 약한 손, 그 손이 내 손임을 깨달을 때 내 마음은 처량하게 슬펐던 것이다.

내 일찍이 내 손으로 밥을 먹어 보지 못했다. 선조가 물려준 논 밭이 나를 키워 주기 때문에 내 손은 놀고 있어도 족했다. 다만 내손이 필요했던 것은 펜을 잡기 위한 데 있었을 뿐이다.

실로 나는 이제껏 내 손이 펜을 잡을 줄 알아 내 마음의 사자가 되어 주는 데만 감사를 드리고 있었다. 그리고 그 펜이 바른손의 장손가락 끝마디의 왼모(왼쪽 귀퉁이)에 작은 팥알만 한 멍울을 만들어 놓은 것을 자랑으로 알고 있었다. 글 같은 글 한 줄 이미 써 놓은 것은 없어도 쓰기 위한 것이 만들어 준 멍울이라서 그 멍울을 나는 내 생명이 담긴 재산같이 귀하게 여겼다. 그리고 그것은 온갖 불안과 우울까지도 잊게 하는 내 마음의 위안이기도 했다.

그러나 그 멍울 한 점만을 가질 수 있는 그 손은 이제 확실히 불안과 우울을 가져다준다. 내 손으로 정복해야 할 그 원고지에 도리어 상처를 입었다는 것은 '네가 그 멍울의 자랑만으로 능히 살아갈 수가 있느냐' 하는 그 무슨 힘찬 훈계도 같았던 것이다.

아닌 게 아니라 내 손은 불쏘시개의 장작 한 개비도 못 팬다. 서울로 이주를 온 다음부터는 불쏘시개의 장작 같은 것은 내 손으로 패어져야 할 사세인데 한번 그것을 시험하다 도낏자루에 손이 부풀어 본 후부터는 영 마음이 없다. 그것이 부풀어서 터지고 또 터지고 그렇게 자꾸 단련이 되어서 펜의 단련에 멍울이 장손가락에 들듯, 손 전체에 굳은 살이 꽉 퍼질 때에야 위안이던 불안은 다시 마음의 위안이 될 수 있을 것이련만 그 장손가락의 멍울을 기르는 동안에 그러할 능력을 이미 빼앗겼으니 전체의 멍울을 길러보긴 이젠 장히 힘든 일일 것 같다.

　그러나 역시 그 손가락의 멍울에 불안은 있을지언정 그것이 내 생명이기는 하다. 그것에 애착을 느끼지 못하게 되는 때 나라는 존재의 생명은 없다. 나는 그것을 스스로 자처하고도 싶다. 하지만 원고지를 정복할 만한 그러한 손을 못 가지고 그 원고지 위에다 생명을 수놓아 보겠다는 데는 원고지가 웃을 노릇 같아 손을 베인 후부터는 그게 잊히지 아니하고 원고지를 대하기에 두려워진다. 손이 부푼 후부터는 도낏자루를 잡기가 두려워지듯이.......

방서한 ─ 계용묵

바람이 살랑거리니 바깥보다는 방 안이 한결 좋다. 밤의 방 안은 더욱 마음에 든다. 등하에 책상을 기대앉으면 마음이 폭 가라앉는 것이 무엇인가를 자연히 사색케 한다. 등화가친이라는 말이 있거니와 등화를 가친하지 않고는 견딜 수 없는 것이 겨울밤인 듯싶다.

저녁을 마치고 일순의 산책이 있은 다음, 등을 켜고 고요히 방 안에 들어앉으면 내 마음은 항상 무엇에 그렇게 주렸는지 공허한 마음이 저도 모르게 그 무엇인가를 찾기에 바쁘다. 그러나 그것은 언제도 찾을 수 없던 그 마음이다. 찾아질 리 없다. 허나 그것을 못 찾는 마음은 우울하기 짝이 없다. 나이 인제 사십의 고개턱에 숨이 차게 되었으니 인생의 감상 시절은 지났다고 보아도 좋으련만 내 마음은 무엇을 찾기에 그리 늘 우울한지.

언제나 나는 내 마음에서 그 무엇인가를 찾다 못 찾으면 그것을 서적에서 찾으려고 애를 쓴다. 그 어떠한 책 속에는 족히 내 공허한 마음을 채워 줄 그러한 무엇이 들어 있을 듯만 싶은 것이다. 그래서 멍하니 앉아서 생각을 더듬다가는 벌떡 일어서 서가로 달려가는 버릇이 있다.

그러나 지금 단칸 셋방의 객사인 내 집엔 서가는커녕 책조차 비치한 것이 없다. 좋거나 나쁘거나 그저 얻을 수 있었던 몇 권의 책이 책상 위에 놓여 있을 따름, 마음을 끄는 책이라고는 단 한 권도 없다. 책! 지극히 책이 그립다.

고향의 내 서재로 마음은 달린다. 여섯 층으로 된, 천정을 찌르는 높다란 서가가 눈앞에 보인다. 거기에 빈틈없이 질서 있게 나란히 책들이 가득 꽂혀 있다. 하지만 그것도 팔아먹고 남은 나머지다. 그것들의 책에서도 구미를 느끼지 못한다.

나는 또, 장 속에 처박아 둔, 이삼의 빈 서가를 연상해 본다. 몹시 마음에 언짢다. 한 번씩 눈을 거쳐는 보았다고 해도 내 마음을 살찌워 준 것이 그것들이었다. 그것이 이제 궁여의 일계에서 담배 연기로 화해 버리고 빈 서가만 남았거니 하니 마음의 공허가 더욱 심절하다.

어쩐지 그 빈 서가는 내 자신인 듯이도 싶게 내 마음이 공허함을 느끼듯 공허함을 느끼는 것 같은 것이 알뜰히 걸린다. 그 서가에 그득하던 천여의 부수를 다시 채워 보지 못할까. 아득한 생각이다. 그 부수를 다시 채우기만 하면 그래도 그 속에는 내 마음의 공허도 채워질 그러한 부분이 있을 듯만 싶은데 이제 그것을 임의로 할 수 있을 여유에 생각조차 미치지 못하니 내 자신은 인제 아무렇게나 장 속에 던져 둔, 서가와도 같은 생각이 들며 서글프기 짝이 없다.

그리하여 영원히 채울 길이 없는 그 서가와 같이 내 마음 속에도 티끌과 거미줄만이 쌓이고 구슬리는 가운데 나날이 낡아 빠지는 것만 같다.

밤마다 고요히 등하에 앉기만 하면 나는 마음의 공허를, 이렇게 느끼고, 마음의 구석구석 들어차는 티끌 속에 케케묵어 가는 나라는 인간의 존재를 내다보고는 어이없이 웃어 본다.

이역의 달밤 ― 강경애

1933년도 저물었다.

이 밤의 교교한 월색은 여전히 나의 적은 몸덩어리를 눈우에 뚜렷이 던져 준다. 두 달 전에 저 달은 내 고향서 보았건만?......

이곳은 북국. 북국의 밤은 매우 차다. 저 달빛은 나의 뺨을 후려치는 듯 차다. 그리고 사나운 바람은 몰려오다가 전선과 나뭇가지에 걸려 획획 소리쳐 운다. 그 소리는 나의 가슴을 몹시도 흔들어 준다. 때마츰 어데서 들려오는 어린애 우름소리..... 나는 문득 이런 노래가 생각난다.

이밤에

어린애 우네

밤새끌 우네

아마 뉘집 애기

빈젖을 빠나부이

밤새워 빠나부이

못 입고 못 먹는 이 땅의 빈농에게야 저 바람같이 무서운 것이 또 어데 있으랴! 사의 마신이 손을 버리고 덤벼드는 듯한 저 바람! 굶주린 저들은 오직 공포에 떨 뿐이다.

이곳은 간도다. 서북으로는 '시베리아' 동남으로는 조선에 접하여 있는 땅이다. 치울 때는 영하 사십 도를 중간에 두고 오르고 내리는 이 땅이다.

그나마 애써 농사를 지어 놓고도 또다시 기한에 울고 있지 않는가! 백미 일두에 칠십오 전, 식염 일두에 이 원 이십 전. 물경 백미값의 삼 배! 이 일단을 보아도 철두철미한 통제 (원문에 'XX'로 표기되어 있으나, 이를 '통제'로 옮겼다) 수단의 전폭을 엿보기에 어렵지 않다. '가정이 공어맹호야, 라든가? 이 말은 일직이 들어왔다.

황폐하여 가는 광야에는 군경을 실은 트럭이 종횡으로 질주하고 상공에는 단엽식 비행기만 대선회를 한다.

대삼림으로 쫓기는 그들! 이 땅을 싸고도는 환경은 매우 복잡다단하다. 그저 극단과 극단으로 중간성을 잃어버린 이 땅이다.

인간은 1937년을 목표로 일대살육과 파괴를 하려고 준비를 한다고 한다. 타협, 평화, 자유, 인도 등의 고개는 벌써 옛날에 넘어버리고 지금은 제각기 갈 길을 밟지 않을 수가 없게 되었다.

군축은 군확으로, 국제협조는 국제알력으로, 데모크라씨는 파쇼로, 평화는 전쟁으로..... 인간은 정반합의 변증법적 궤도를 여실히 밟고 있다.

이 거리는 고요하다. 이따금 보이느니 개털모에 총을 메고 우두커니 섰는 만주국 순경뿐이다. 그리고 멀리 사라지는 마차의 지르릉 울리는 종소리..... 찬 달은 흰 구름 속으로 슬슬 달음질치고 있다. 저 달을 보는 사람은 많으련마는 역시 환경과 입장에 따라 느끼는 바 감회도 다를 것이다.

붓을 들고 쓰지 못하는 이 가슴! 입이 있고도 말 못하는 이 마음! 저 달 보고나 호소해 볼까. 그러나 차디찬 저 달은 이 인간사회의 애닯은 이 정황에 구애되지 않고 구름 속으로 또 구름 속으로 흘러간다.

대자연은 크게 움직이고 있다.

모송론 — 김진섭

인생이 너무나 불행한 가운데 있다 하더라도, 모든 사람이 어머니를 모실 수 있다는 점만은 행복한 일입니다.

이 세상에 생을 받은 우리의 찬송은, 그러므로 무엇보다도 첫째 우리들의 어머니 위에 지향되어야 할 것입니다. 어려서 이미 어머니를 잃고, 클수록 커지는 동경의 마음을 채울 수 없는 아들의 신세가 이 세상에서 다시 볼 수 없는 큰 불행이라면, 어려서는 어머니의 품 안에 안기고, 커서는 어머니의 덕을 받들어 모자가 한 가지로 늙는 사람의 팔자는, 이 세상에서는 다시 구할 수 없는 큰 행복일 것입니다.

생각만이라도 해 보십시오. 만일에 어머니라 하는 이 아름답고 친절한 종족이 없다면, 대체 이 세상은 어떻게나 되어 갈까요? 이 괴로운 세상을 찬란하게까지 장식하고 있는 모든 감정, 가령 말하자면 저 망아적 애정, 저 심각한 자비, 저 최대한의 동정, 끝이 없는 긴밀한 연민, 저 절대한 관념 -이 모든 것은 이곳에서 사라져 버리고야 말 터이지요.

그리하여 이때, 이 세상이 돌연히 한없이도 어두워지고 우울해지고, 고달파질 터이지요. 참으로 어머니와 아들의 결합과 같이 힘차며, 순수하며,또 신비로운 결합은 어떠한 인간관계 속에서도 찾아 낼 수 없습니다.

이 세상에서 우리가 고향이라 부를 만한 것이 있다면 새로 생긴 자에 대해 그에게 영양을 제공하고, 그에게 생명을 부여하는 어머니야말로 참된 향토가 아닐까요? 어린아이뿐만 아니라 성장하여 가는 아동에 있어서도 어머니는 영원히 그들의 괴로워할 때의 좋은 피난소이며, 그들의 즐거워할 때의 좋은 동감자입니다.

어린아이가 어찌하여야 할 바를 모를 때, 그는 반드시 어머니를 향해 웁니다. 아프고 괴로워 위안이 필요할 때, 그는 바삐 어머니의 무릎 위로 기어갑니다. 어머니에 대한 그의 신뢰는 참으로 한이 없습니다. 어머니에게는 도움이 있을 것을, 어머니에게는 귀의심이 있고 이해력이 있는 것을 알고 있는 까닭입니다. 사실에 있어서 어머니의 손이 한 번 가기만 하면 모든 장애물은 가볍게 무너지고, 모든 것은 좋게 되는 것입니다. 또한 성인의 어머니에게 대한 신빙이 이에 못할 수 없겠지요.

어머니가 생존하여 계시는 동안 우리에게는 고요히 웃는 마음의 고향이 있는 것입니다. 우리는 결코 외로울 수 없으며, 우리는 결코 어두움 속에 살 수 없습니다. 참으로 어머니는 저 하늘에 빛나는 맑은 별과 같이도 순수합니다.

그것이 무에 이상할 것이 있겠습니까? 아무것도 이상할 것이 없습니다. 왜 그러나 하면, 우리는 어머니 피로부터, 어머니 정신으로부터, 어머니의 진통으로부터 나온 까닭이 올시다. 어머니는 우리의 뿌리인 것입니다. 어머니는 인간의 참된 조국인 것입니다.

어린아이는 어머니에게 말하는 것을 배웁니다. 우리는 자기 나라 말을 가르치고 모어라 부르는 것은 이 점에 있어서 결코 우연한 일이 아닙니다. 아이는 어머니에게서 도덕과 지식 일반의 최초의 개념, 저 재미있는 옛날이야기, 지극히도 자극적인 노래와 유희를 처음 배우는 것입니다.

사람과 사람의 결합에 있어서 어머니와 아들의 사이와 같은 그렇게도 긴밀한 인간적 결합은 실로 어느 곳에서도 발견되지 않습니다. 이 때문에 사람은 곧 아버지의 엄연한 존재를 생각할 터이지요.

그러나 아버지는 집안에 앉아 계시기보다는 집 밖에 많이 나가 계십니다. 아버지라는 이들은 흔히 어머니 가까이 있어 한 가지 아이를 애무하기에는 너무나 바쁜 몸입니다. 그는 가정 밖에 직업을 가지고 있고, 또 밖에 나서서 사업을 해야 하는 까닭입니다.

그러므로 아버지는 아이에게 사랑할 인물이라기보다는

차라리 존경할 인물이 되는 것입니다. 암만 친절한 아버지라도 아이들은 거의 예민한 식별력으로 아버지를 어머니 같이 만만하게는 보지 않는 것입니다.

그것은 말하자면, 어머니가 '친밀의 원리'를 가지고 항상 아이들을 양육하는 입장에 서 있는 데 대해서, 아버지는 '엄격의 원리'에 사는 하나의 교훈적 존재인 까닭이겠지요.

커 가는 아이가 사랑하는 어머니를 떨어져 자기의 길을 자기 홀로 걸어가려 할 때, 세상의 모든 어머니는 이 때, 반드시 퍽이나 괴로운 시간을 체험하지 않을 수 없습니다. 아이의 디디는 발은 처음엔 위태로워 보이지마는, 그러나 나중에는 확고한 의식을 가지고 일정한 목적을 향하여 용감하게 걸어가는 것입니다.

그러나 어머니의 눈에는 언제든지 아들이란 그가, 얼마나 나이를 먹었어도 결국 어린아이로서밖에는 비치지 않는 까닭으로, 어머니는 이 때 적지 않은 불안을 느끼기 시작하는 것입니다.

어머니 없이는 한시를 살 수 없는 것 같은 아이가, 이제는 어머니를 필요로 하지 않을 뿐 아니라, 어떤 경우에는 무용의 장물로서까지 여김을 받을 때, 즉 이제까지는 말하자면 어머니의 일부분이던 아이가 나중에는 어머니를 완전히 떨어져 자기 혼자서 생활을 꾀할 때, 어머니 되는 사람의 근심과 슬픔은 비할 곳 없이 크다 아니할 수 없습니다.

더욱이나 나이 젊은 아들이 택할 길과, 어머니가 그네들의 사랑하는 아들을 위하여 꿈꾸고 있는 길이 전혀 다를 때, 어머니의 실망이 일시에 커져갈 것은 두말 할 것도 없습니다.

여기 모자간에 서로 다리를 걸 수 없는 한 개의 큰 분열을 생기고야 마는 것입니다. 여기서 사랑하는 어머니와 사랑하는 아들 사이에 피할 수 없는 하나의 두터운 소원이 일어나고야 마는 수도, 물론 이 넓은 세상에는 드물지 않는 것입니다.

물론 모두가 아들을 진정으로 사랑하는 마음으로부터이겠지요. 어머니는 자기와 그리고 자기 견해에 아들을 복종시키려고 만반의 책을 강구하여 봅니다. 그러나 대개 이 방법은 수포로 돌아가고야 마는 것입니다. 이때, 어머니는 고적을 느끼고, 냉대를 느끼고, 모욕을 느낄 터이지요. 왜 그러냐 하면, 원래 성장의 시기에 있는 아이들이란 은덕을 알지 못하는 까닭입니다. 그들은 자기네의 길만 이기적으로 걸어가는 것입니다.

그러나 우리는 이러한 그들의 이기주의를 어찌 나쁘다고만 할 수 있겠습니까? 참으로 이기주의는 모든 새로운 시대가 자기 자신의 독특한 이상을 가지는 데 유래하여 있는 까닭이올시다. 즉 하나의 새로운 시대에 속하고 있는 이 젊은이들은, 청년의 의기를 가지고 그들 자신의 이상을 실시하려 함에 문제는 그치는 것입니다.

시대와 시대 사이에는 항상 격렬한 투쟁은 계속되었던 것입니다. 그러나 시대가 다를 때마다 싸움은 새로운 것입니다. 이들은 이리하여 어머니의 영향을 철두철미 물리치고 드디어 이로부터 벗어나려고 애를 쓰는 것입니다. 어머니의 인격이 강하면 강할수록 아들의 반항은 크고, 아들의 태도는 적의를 품은 듯이 보이는 것입니다. 어려서는 어머니의 치마를 밟는 것이지마는, 커서는 어머니의 가슴 속을 박차는 것입니다. 이것은 확실히 현명한 아들들의 큰 비애에 틀림없습니다만 애정과 정의와는 스스로

별자인 것을 사람은 인정하여야 되겠지요.

　그러나 아들의 발에 아무리 짓밟힌 어머니도, 어머니는 결코 그네들의 아들을 버림이 없습니다. 이 세상에는 참으로 이른바 인생의 황야를 잘못 방황하고 있는 많은 사람의 무리가 있습니다.

　어떠한 자는 악한이 될 수도 있습니다. 어떠한 자는 도적이 될 수도 있습니다. 어떠한 자는 모반자가 될 수도 있습니다. 어떠한 자는 범인이 되고, 어떠한 자는 살인수가 될 수도 있겠지요. 이 때, 이렇게까지 된 아들에 대한 어머니 심중은 어떻겠습니까? 최후의 한 사람까지도 이 범죄자를 벌써 용서하여 주지 않을 때라도 어머니만은 그를 용서하여 주는 것입니다.

　모든 사람의 마음 속 깊이는, 설사 그가 퍽은 흉맹한 자라 할지라도, 어머니에 대한 신앙만은 끊어짐이 없이 존속되어 있습니다. 저 어머니의 사랑에 대한 신앙, 저 어머니의 한도 없는 연민에 대한 불요불굴의 신앙이 말이지요.

　보십시오. 가령, 교살 대상의 사형수는 그의 목 위로 도

끼가 떨어지기 직전에 과연 누구를 찾아 부르짖습니까?
물론 그것은 어머니올시다. 보십시오. 가령, 전지에 죽어
넘어지는 청년은 구원을 비는 최후의 비장한 규환을 누구
에게 향하여 발하는 겁니까? 물론, 그것은 어머니올시다.
최후의 고민과 최후의 절망에 있어서 사람은 될수록 그들
의 낯을 어머니에 향해 돌리려 합니다.

그들이 어렸을 때에 하던 그 모양으로 말이지요. 어떠한
다른 수단으로서는 벌써 구제할 수 없는 경우에라도 어머
니는 일개 신성의 자격을 가지고, 오히려 또한 아들의 최
후를 건지는 수가 있는 까닭이올시다. 운명의 손에 이미
버림을 받은 몸이지만, 아들에 대한 천명을 다시 한 번 연
장시킬 수도 없지 않는 것입니다.

어머니의 타오르는 심장의 불꽃이 역시 운명의 매를 막을
수 없을 때엔 모든 희망은 간 것입니다. 여기 결국 최후의
공포는 슬픔에 찬 밤에 싸여 오고야 맙니다. 세상의 많은
어머니시여! 당신네들은 이미 우리가 당신네들로부터 멀
리 떨어져 버린 줄 알고 계시겠지요만, 우리들 마음 속 깊
이는, 그러나 아직도 오히려 말살할 수 없는 세력을 가지

고 당신에게 얽혀 있습니다.

이 세상의 모든 여성은 그들이 사람의 어머니가 될 수
있는 점에 있어서 참으로 이 위에도 없이 신성한 존재입
니다.

길 — 김유정

며칠 전 거리에서 우연히 한 청년을 만났다. 그는 나를 반겨 다방으로 끌어다 놓고 이 이야기 저 이야기 하던 끝에 돌연히 충고하여 가로되,

"병환이 그러시니만치 돌아가시기 전에 얼른 걸작을 쓰셔야지요?"

하고 껄껄 웃는 것이다.

진정에서 우러나온 충고가 아니면 모욕을 느끼는 게 나의 버릇이었다.

나는 못 들은 척하고 옆에 놓인 얼음냉수를 쭉 마셨다. 왜냐하면 그는 귀여운 정도를 넘을만치 그렇게 자만스러

운 인물이다. 남을 충고함으로써 뒤로 자기자신을 높이고 그리고 거기에서 어떤 만족을 느끼는 그런 종류의 청춘이었던 까닭이다.

얼마 지난 뒤에야 나는 입을 열어 물론 나의 병이 졸연히 나을 것은 아니나 그러나 어쩌면 성한 그대보다 좀 더 오래 살는지 모른다. 그리고 성한 그대보다 좀 더오래 살 수 있는 이것이 결국 나의 병일는 지 모른다. 하고 그러니 그대도.

"아예 부주의 마시고 성실히 사시기 바랍니다."

했다. 그러고 보니 유정이! 너도 어지간히 사람은 버렸구나. 이렇게 기운 없이 고개를 숙였을 때 무거운 고독과 아울러 슬픔이 등 위로 내려침을 알았다. 그러나 나는 아직 버리지 않았다.

작년 봄 내가 한 달포를 두고 몹시 앓았을 때 의사를 찾아가니 그 말이 돌아 오는 가을을 넘기기가 어렵다 했다. 말하자면 요양을 잘한대도 위험하다는 눈치였다. 그러나 나는 술을 맘껏 먹었다. 연일 철야로 원고와 다투었다. 이러고도 그 가을을 무사히 넘기고 그다음 가을, 즉 올가을을 앞에 두고 이렇게 기다리고 있는 것이다. 과학도 얼마만치 농담임을 알았다.

가만히 생각하면 나의 몸을 좌우할 수 있는 것은 다만 그 '길'이다. 그리고 그 '길'이라야 다만 나는 온순히 그 앞에 머리를 숙일 것이다.

요즘에 나는 헤매던 그 길을 바로 들었다. 다시 말하면 전일 잃은 줄로 알고 헤매고 있던 나는 요즘에 이르러서야 비로소 나를 위해 따로 한 길이 옆에 놓여 있음을 알았다. 그 길이 얼마나 멀지 나는 그걸 모른다. 다만 한 가지 내가 그 길을 완전히 걷고 날 그날까지는 나의 몸과 생명이 결코 꺾임이 없을 걸 굳게 굳게 믿는 바이다.

그믐달 ― 나도향

나는 그믐달을 몹시 사랑한다.

그믐달은 요염하여 감히 손을 댈 수도 없고, 말을 붙일 수도 없이 깜찍하게 예쁜 계집 같은 달인 동시에 가슴이 저리고 쓰리도록 가련한 달이다.

서산 위에 잠깐 나타났다 숨어 버리는 초생달은 세상을 후려 삼키려는 독부가 아니면 철모르는 처녀 같은 달이지마는, 그믐달은 세상의 갖은 풍상을 다 겪고, 나중에는 그 무슨 원한을 품고서 애처롭게 쓰러지는 원부와 같이 애절하고 애절한 맛이 있다.

보름에 둥근 달은 모든 영화와 끝없는 숭배를 받는 여왕과 같은 달이지마는 그믐달은 애인을 잃고 쫓겨남을 당한 공주와 같은 달이다.

초생달이나 보름달은 보는 이가 많지마는, 그믐달은 보는 이가 적어 그민큼 외로운 달이다. 객창 한등에 정든 임 그리워 잠 못 들어 하는 분이나, 못 견디게 쓰린 가슴을 움켜잡은 무슨 한 있는 사람이 아니면 그 달을 보아 주는 이가 별로이 없을 것이다.

그는 고요한 꿈나라에서 평화롭게 잠들은 세상을 저주하며, 홀로이 머리를 풀어뜨리고 우는 청상과 같은 달이다. 내 눈에는 초생달 빛은 따뜻한 황금빛에 날카로운 쇳소리가 나는 듯하고, 보름달은 쳐다보면 하얀 얼굴이 언제든지 웃는 듯하지마는, 그믐달은 공중에서 번듯하는 날카로운 비수와 같이 푸른빛이 있어 보인다. 내가 한 있는 사람이 되어서 그러한지는 모르지마는, 내가 그 달을 많이 보고 또 보기를 원하지만, 그 달은 한 있는 사람만 보아 주는 것이 아니라 늦게 돌아가는 술주정꾼과 노름하다 오줌 누러 나온 사람도 보고 어떤 때는 도둑놈도 보는 것이다.

어떻든지, 그믐달은 가장 정 있는 사람이 보는 중에, 또한 가장 한 있는 사람이 보아 주고, 또 가장 무정한 사람이 보는 동시에 가장 무서운 사람들이 많이 보아 준다.

내가 만일 여자로 태어날 수 있다 하면, 그믐달 같은 여
자로 태어나고 싶다.

별─김동인

무슨 글자를 보느라고 옥편을 뒤지다가 별 성 자를 보았
다. 성 자를 보고 생각하는 동안 문득 별에 대한 정다움이
마음속에 일어났다. 별을 못 본 지 얼마나 오래인지 별의
빛깔조차 기억에 희미하다. 보려면 오늘 저녁이라도 뜰에
나가서 하늘을 우러러 보면 있을 것이건만.

밤길을 다니는 일이 적은 나요, 그 위에 밤길을 다닌다 해
도 위를 우러러 보는 일이 적은 데다가 고층 거루가 즐비
하고 전등불이 휘황한 도회지에 사는 탓으로 참 별을 우러
러 본 기억이 요연하다. 물론 그 사이에도 무의식적으로

별을 본 일이 있기는 있을 것이다. 그러나 '별을 본다'는 의식을 가지지 않고 보았겠는지라 별을 의식한 기억은 까 맣다.

"별 하나, 나 하나, 별 둘, 나 둘, 별 셋, 나 셋."

여름날 뜰에 모여서 목청을 돋우며 세어 나가던 그 시절의 별이나 지금의 별이나 변함은 없을 것이며, 그 뒤 중학 시대에 음울한 소년이 탄식으로 우러러 보던 그 시절의 별이나 지금의 별이나 역시 변함이 없을 것이며, 또는 그 뒤 장성하여 시적 흥취에 넘친 청년이 마상이를 대동강에 띄워 놓고 거기 누워서 물결 소리를 들으면서 탄미하던 그 별과 지금의 별이 변함이 없으련만 그리고 그 시절에 는 날이 흐려서 하루 이틀만 별이 안 보이더라도 마음이 조조하여 마치 사랑을 따르는 처녀와 같이 안타까워했거 늘 지금 이렇듯 별의 빛깔조차 잊어버리도록 오래 별을 보지 않고도 그다지 부족함을 느끼지 않고 살아 나가는 이 심경은 어찌 된 셈일까.

세상만사에 대하여 이젠 흥분과 감동을 잊었나. 혹은 별 을 보고 싶은 감정이 생기지 못하도록 현대인의 감정이란 빽빽하고 기계적인 것인가 지금도 별을 우러러 보면 옛날의 그 시절과 같이 괴롭고도 즐거운 감동에 잠길 수가 있을까. 그렇지 않으면 전등만큼 밝지 못한 것이라고 경멸해 버릴 만큼 마음이 변했을까.

지금 생각으로는 오늘 저녁에는 꼭 다시 별을 우러러 보려 한다. 그러나 저녁이 되어도 그냥 이 마음이 그대로 있을지부터가 의문이다. 날이 춥다는 핑계가 있고 바쁜 원고가 많다는 핑계가 있고 그 위에 오늘이 음력 팔일이니 그믐 별이 아니고야 무슨 흥취가 있겠느냐는 핑계도 있고 하니 어찌 되는지 의문이다.

보면 새고 안 보면 문득 솟아오르던 별. 저 별은 장가를 가지 않는가하고 긴 밤을 지키고 있던 별, 내 별 네 별 하여 동생과 그 광휘를 경쟁하던 별. 생각하면 생각할수록 언제 다시 잠 못 자는 한밤을 별을 우러러 보며 새우고 싶다. 그러나 현 시대의 생활과 감정이 너무 복잡다단함을 어찌하랴. 별을 쌀알로 보고 싶을 터이며 금덩이로 보고 싶을 테니까 이런 감정으로는 본다 한들 아무 감흥도 없을 것이다.

돌베개 — 이광수

옛날 한시에 "고침석두안' 이라는 구가 있다. 돌베개를 높이 베고 잔다는 말이다, 세상을 버린 한가한 사람의 모양을 말한 것이다.

"탈건괘석벽 노정쇄송풍, 갓 벗어 바위에 걸고 맨 머리에 솔바람을 쏘이다" 함과 같은 맛이다. 옛날뿐 아니라 지금도 산길을 가노라면 무거운 짐을 벗어 놓고 돌베개를 베고 자는 사람을 보는 일이 있다. 대단히 시원해 보인다

구약성경에는 야곱이 돌베개를 베고 자다가 좋은 꿈을 꾸었다는 이야기가 있다. 그러나 야곱은 세상을 버리거나 잊

은 사람은 아니요 한 큰 민족의 조상이 되려는 불붙는
야심을 품은 사람이었다. 그는 유대민족의 큰 조상이 되
었다.

나는 연전에 처음 이 집을 짓고 왔을 때에 아직 베개도
아니 가져오고 또 목침도 없기로 앞 개울에 나가서 돌 하
나를 얻어다가 베개를 삼았다. 때는 마침 여름이어서 돌
베개를 베고 자는 맛은 참 시원했다. 그때부터 나는 돌베
개를 좋아하게 되었다.

그러나 돌베개에는 한 가지 흠이 있으니 그것은 무게가
많은 것이다. 여간 기구로는 도저히 가지고 다닐 수는 없
다. 그래서 내가 광릉 봉선사에 유할 때에는 다른 돌베개
하나를 구했다. 그것은 참으로 잘 생긴 돌이었다. 대리석
과 같이 흰 차돌이 여러 만년 동안 물에 갈리고 씻긴 것이
어서 희기가 옥과 같았다. 내가 광릉을 떠날 때에는 거기
두고 왔다. 내가 돌베개를 베고 자노라면 외양간에서 소
의 숨소리가 들린다. 씨근씨근, 푸우푸우 하는 소리다. 나
는 처음에는 소가 병이 든 것이나 아닌가 했더니 그런 것
은 아니었다. 이십여 일 연하여 논을 가느라고 몸이 고

단해서 특별히 숨소리가 크고 또 가끔 한숨을 쉬는 것이
었다.

 못난이니 자빠뿔이니 갖은 험구를 다 듣던 우리 소는 이
번 여름에 십여 집 논을 갈았다. 흉 보던 집 논도 우리 소
는 노엽게도 생각하지 않고 잘 갈아 주었다. 그러고는 밤
에 고단해서 수없이 한숨을 쉬고 있는 것이다.

수표교 ― 김동환

아마 수표교인 듯. 새하얗게 물로 표백된 돌다리 난간 위로
어머님이 지나시는 것을 뵈었다. 아래위를 깨끗하게 소복으
로 몸 매무시한 어머니는 곁에 선 나를 물끄러미 쳐다보실
뿐으로 희로의 표정이라고 조금도 없이 그저 담담하게 지나
가신다. 그리고 그 뒤 여남은 걸음을 격하여 어떤 중년 부인
이 그 나쩨됨 직한 나그네와 가지런히 서서 지나가는 것이
보였다.

나는 이 두 분이 또한 내 누이와 내 형임을 알았다. 내 누이
는 무엇을 생각했던지 두어 걸음 내 선 곁으로 가까이 오다

가 행렬에 뒤질까 봐 그러는지 물러가 버리고 만다. 세 분이 모두 다 웃지도 울지도 않고 반가운 기색도 별로 없 이 그저 담담하게 돌다리 위로 지나가 버릴 뿐.

잠을 깨니 꿈이다. 나는 일어나 유리 창문을 와락 열어 젖히고 삼복 여름 밤 깊어 가는 북악을 쳐다보았다. 찬바 람이 얼굴을 확 끼얹고 지나간다.

바로 어머니께서 세상을 떠나신 지가 일 년이 된다. 그 기제가 어제인 팔월 초하룻날이라 나는 이날 먼 천리 밖 어머님 산소를 찾아 풀을 베고 비석의 먼지를 쓸며 그 앞 에 쓰러져 울다가 돌아오려 했다. 그러나 서울을 떠나지 못할 사정이 생기자, 이날 나는 아침에 집을 나와 장충단 밑 어떤 객사에 이르러 문을 굳이 닫고 아침부터 깊은 밤 까지 어머니 영혼을 모시고 지냈다.

이날만은 술과 담배를 끊고, 여인을 멀리하고, 그러고는 생전에 좋아하시던 봉선화를 꺾어다 그 사진 앞에 드리 고서, 찬미가를 부르고 성경을 읽고 기도를 올렸다.

그러고는 눈을 감고 어머님의 말소리와 기침 소리와 앉 음앉이와 웃으시는 얼굴과 ..... 를 모두 다 한 번씩 눈앞에 그려 보았다.

 그러고 또 내가 어머니에 대해 생각하던 일을 한 번씩 되풀이해 보았다. 먼 옛적의 소년 시절의 일, 청년 시절의 일, 동경이나 시베리아로 돌아다니며 근심 끼치던 일, 심지어,

"나는 내 엄마 배로 아니 나왔어야 옳을 게다. 어떻게 천재와 영웅을 낳는 그런 다른 어머니의 배로……"
하고 어머니를 나무라던, 교만된 노래를 부르던 옛날 일까지 생각해 보았다.

 오직 모든 것이 죄송할 뿐이다. 오직 모든 것이 가슴을 에이게 뉘우침이 있을 뿐이다. 이런 생각에 지친 양으로 어느 결에 잠이 들었는지 그만 눈을 감아서 하녀가 올라와 이불을 덮어 주는 것까지도 몰랐다.

 그러던 이 밤에 어머님을 꿈으로 뵈었다. 더구나 꿈속에 뵙던 그 내 누이는 삼 년 전에, 또 내 형은 작년 가을에 모두 다 사십 전후의 젊은 나이를 버리고 이 세상을 떠나신 분들이 아니냐. 나는 어젯밤의 꿈의 신비에 두고두고 놀랐다.

어머님은 육십이 되시도록 서울을 못 보셨다. 누이도 북관서 나서, 게서 자라, 게서 돌아가신이다. 이분들이 어떻게 수표교를 찾아오셨는고, 생각건대 아마 살아 계시던 시절, 내가 서울서 내려가면 수표교의 이야기를 들려 드린 적이 있었더니 그래 아셨는가. 또는 '수표교 반음'이라 하여 '삼천리'에 여러 번 수필을 쓴 일이 있더니, 수표교만 오면 나를 만나실 줄 알고 오셨던가. 그렇더라도 가신 두 남매가 어머님을 모시고 계신 것이 기쁘다.

꿈에 뵌 어머니와 누나와 형이 오래간만에 만났건만 반가운 기색조차 없이 그저 담담하게 지나가시던 것을 생각하고 나는 나의 불효에 열 번 얼굴이 붉어짐을 깨달았다.

거리에서 만난 여자 — 현진건

동아일보 지상에 '적도'를 연재하던 때에 당한 일이다. 하루는 신문사에서 나와서 집으로 가려고 종로 네거리를 지날 때에 갑자기,

"아이, 선생님!"

하고 여자의 목소리가 들리기에 살펴보니 내 앞으로 오던 여인이 나를 바라보며 이렇게 부르는 것이었다. 나는 자세히 살펴보니 한 번도 만나 본 일이 없는 여자였다.

나는 어리둥절하여 아무 대답도 못 하고 우두커니 섰을 뿐이었다. 나는 이 여자가 혹시 불량녀가 아닌가도 생각하

고 그의 모양을 살펴보았다. 노랑 구두에 붉은 치마! 검정 명주 두루마기! 여우 목도리! 수수한 양머리! 분도 바르지 않은 얼굴을 살펴보니 어떤 부잣집 귀부인같이 보이지 불량녀로는 보이지 않았다.

'그러면 이 여자는 어떠한 여자일까'.

하고 나는 궁금해했다. 혹시 나는 이 여자가 나의 소설의 애독자가 아닐까도 생각해 보았다. 예전에도 나의 소설 애독자라는 여자가 나의 집으로 나의 신문사로 많이 찾아왔으니 이 여자도 그런 여자 아닌가 생각했다. 더욱이 요사이에 '적도'가 발표되자 나의 소설의 여자 팬들이 많이 찾아왔으며 편지도 많이 왔으니 이 여자는 나의 팬일 것이리라고 직각했다.

"아이. 선생님 얼마만이세요."

하고 그 여자는 생글생글 웃으며 이렇게 말하는 것이었다.

"네. 참 오래간만이외다."

하고 나는 부지중 이렇게 대답했다.

"이렇게 길거리에서 말씀드리기도 안되었으니 저리로 들어가시지요."

하고 그 여자는 대련관을 가리키는 것이었다. 그래서 나는 처음엔 사양했으나 자꾸 들어가자고 조르기에 할 수 없이 들어갔다. 그 여자는 방 안에 들어가 앉자 갑자기 우울해지면서.

"선생님, 저는 여기서 선생님을 만날 줄은 몰랐어요. 이 세상에서는 다시 선생님을 만날 줄은 몰랐어요. 그때 제가 그 약을 조금만 더 먹었더라면 원산서 만난 것이 최후였을는지도 모르지요"

하고 그 여자는 수수께끼 같은 말을 하며 눈물을 흘리는 것이었다. 나는 눈이 둥그래서.

"실례지만 나는 당신을 잘 기억하지 못하겠는데요."

하고 그 여자를 다시 한번 바라보았다. 그 여자는 나에게

"아니, 선생님이 백 선생님이 아니세요?"

한다. 나는 기가 막혔다.

"아니오 나는 현진건이란 사람이외다."

"네! 원산 계신 백 선생님이 아니세요?"

"아닙니다. 나는 원산 가본 일이 없습니다."

"이런 변이 있나!"

하고 그 여자는 얼굴이 새파랗게 질려서 도망치듯 신을
신고 달아나는 것이었다. 아마 백 모라는 사람이 나와 꼭
같이 생겼던 것이다. 나는 세상에서 살면 별일이 다 생긴
다고 웃고 말았다.

지충―채만식

문필이 생업이고 보니 종이를 먹어 없애는 것이 일이기야 하지만 나 같은 사람은 원고용지 하나만 하더라도 손복을 할 만치 낭비가 많다.

얼마 전 안서를 만나 차를 마시면서 들은 이야긴데.....

동인은 집필을 하려면 오십 매면 오십 매, 백 매면 백 매, 예정한 분량만치 원고 용지에다가 미리 넘버를 매겨 놓고서 쓰기 시작한다고 한다. 그만큼 그는 단 한 장도 슬럼프를 내지 않는다는 것이다.

이 단 한 장도 슬럼프를 내지 않는, 그래서 자신만만하게 미리부터 원고 용지에다가 넘버를 매겨 놓고는 새끼줄이나 뽑아내듯 술술 써내려 가고 앉았을 동인의 집필 광경이 그만 밉강스러울 만치 마음에 부러움을 어찌하지 못했다.

혹시 동인 같은 예야 차라리 특이한 예외의 재주라고 치더라도 춘원은 처음 이삼 매가량은 슬럼프를 내곤 하지만 그 고패만 넘어서면 이내 끝까지 거침새 없이 붓이 미끄러져 내려간다고 하고, 또 나의 동배들도 더러 물어보면 첫머리 시작이 몇 장쯤 그러하고 중간에서도 오다가다 슬럼프가 나지 않는 것은 아니나 별반 대단치는 않다고 하니 그런 이야기를 들으면서 일변 나를 생각하면 때로는 한숨이 나오기도한다.

단편 하나의 첫장에 (초고 것은 말고라도) 항용 이삼십 매쯤 버리기는 예사요, 최근에는 일백삼십 매짜리 '패배자의 무덤'에서 삼백이십 매의 슬럼프를 내본 기록을 가졌다. 단 단면 일백삼십 매짜린데 양면 삼백이십 매의 원고 용지니 육백사십 매인 푼수다.

좀 거짓말을 보태면 원고료가 원고 용지값보다 적어서 밑지는 장사를 하는 적도 있을 지경이요, 사실 그 정갈한 원고 용지가 보기에 부끄러울 때도 있다.

아마 '소설 쓰는, 공부도 공부려니와 아직은 ,원고 쓰는,
공부도 나같은 사람에게는 긴한 게 아닌가 싶다. 계제에
누구 슬럼프 많이 내지 않고 원고 잘 쓰는 비결이 있거든
제발 공개해 주면 솜버선이라도 한 켤레 선사하지.

오천 원의 꿈 — 노자영

작년 사월이다. XX지를 경영하다가 파산을 당하고 집을
잡혀 먹고 물에 빠진 생쥐처럼 기운 없이 지내던 때다. 어느
날 저녁 곤세비로 양복을 입은 스마트한 청년이 문간에 와
서 호기 있게 내 이름을 불렀다.

"누구세요?"

"네…."

그는 한 장 명함을 내 손에 쥐여 주었다. 얼른 받아 보니
'XX일보 양주지국 김 모'라고 써 있다. 나는 그를 내 방으
로 안내했다. 이 말 저 말 몇 마디 이야기를 교환하는 동안

에 이 친구야말로 수작이 청산유수였다. 문학을 좋아하고, 저널리스트로 한번 쓰시기를 원하고, 또는 자기 집이 유여하고, 어머니 허락만 계시면 돈을 맘대로 쓸 수 있고, 또는 어머니는 자기의 말이면 아니 듣는 말이 별로 없다고, 참말 칠팔월에 아이스크림을 먹는 것보다도 더 시원한 말을 늘어놓았다. 그리고 그의 말이 XX지를 자기에게 내어 맡기면 일금 오천 원 하나만은 불일 내로 출자할 수 있으니 같이 일해 봄이 어떠냐고 물었다. 이 말이야말로 배고픈 사람에게 밥을 먹겠느냐고 묻는 말과 한가지다. 내게 있어서는 가뭄에 단비 같은 전래의 복음이었다.

'불감청이언정 고소원' 이라고 나는 당장에 오케이를 놓았다. 능청맞은 이 친구는 내 손을 잡으며,

"그러면 우리 한번 크게 활약해 봅시다. 원래 사귄 친구 있겠소. 나를 동생으로만 알고 잘 지도해 주구려."하고 간곡한 인사를 했다.

그리하여 그는 당장에 오천 원을 낸다는 서약을 하고 내일 자기 집구경도 할 겸 양주로 가자는 것이었다. 그래서 명일 오전 아홉 시에 종로 삼정목 X X 자동차 회사에서 서로 만

나 함께 그의 집을 가기로 약속을 철석같이 했다.

　이렇게 되고 보니 오랫동안 쪼그리고 울던 농중의 새가 첨 농을 깨치고 창공으로 날아가듯이 어깨가 으쓱했다. 그래서 이런 말 저런 말 앞날의 빛나는 플랜을 이야기하는 동안에 그 청년은 잠깐 여비가 떨어졌으나 돈 육 원만 꿔주면 내일 자기 집에서 의심 없이 주겠다는 것이다. 마음이 언제나 색시 같고 누구를 속여 본 일이 없는 나는 내 마음을 믿어서 그를 믿고 일금 육 원을 내주었다.

　그 후 그 청년은 명일 오전 아홉 시에 어기지 말고 종로서 만나자고 재삼 다졌다. 나는 걱정 말라고 대답하고 그를 보내 주었다.

　그날 밤에 나는 오천 원의 꿈을 단단히 꾸고 다음날 아침에 면도를 하고 양복을 갈아입고 희색이 만면하여 종로 삼정목 XX 자동차 회사로 갔다. 먼저 구내를 살펴보니 그 청년은 오지 않았다. 시계를 보니 아직도 여덟 시 오십 분이었다.

　나는 빛나는 아침해를 등에 지고 왔다 갔다 거닐며 큰 행복을 기다리는 사자같이 호기 있게 기침을 했다. 이제 오려니 불원 오려니 하고 오는 사람 가는 사람을 눈이 똥그랗게 살펴보았다. 그러나 그 청년은 그림자도 볼 수 없었다. 아홉 시, 열 시, 열한 시, 이렇게 지나간 후에야 나는 쌀을 사야 할 돈 육 원으로 오천 원의 꿈을 하룻밤 샀던 것을 잘 알았다. 실로 어리석은 꿈이었다. 사월의 한 편 비가였다.

값없는 생명 ─ 최서해

폭양이 내리쪼이는 어떤 날 오후였다. 나는 서대문 밖으로 가다가 서대문 정류장을 못 미쳐서 바른편 쪽에 있는 조그마한 일인 과자점 앞을 지나려니까 사람들이 죽 모여 서서 무엇을 구경하고 있었다. 나의 호기심은 앞에 급한 일을 두었더라도 그것을 간과치 않을 터인데 심심풀이로 누구를 찾아가던 판이라 그것을 보지 않고는 견디지 못했다.

나는 인염이 화끈거리는 것도 불고하고 여러 사람의 틈에 끼여서 발돋움을 했다. 여러 사람의 시선을 끌게 된 주인공을 들여다본 나의 이마도 여러 사람의 이마와 같이 찡그려

지지 않을 수 없었다. 그것은 거의 본능적일는지도 모른다.

나이로 말하면 삼십이 넘을락 말락한 장년인데 과자점 서편 벽 아래 가로놓인 도랑에 쓰러졌다. 몸에 걸친 것은 팔뚝이 나간 적삼과 사루마타처럼 짧은 고의뿐인데 그것도 먼지와 땀에 절어서 묵도 아니요 회도 아닌 이상한 색으로 물들인 것 같고 노출된 팔다리의 살과 얼굴빛까지도 일광과 땀과 먼지와 그을음에 입은 옷빛처럼 되었다.

그는 언제부터 거기 쓰러졌는지는 모르겠으나 하반신은 먼지가 나도록 마른 도랑 속에 떨어지고 상반신은 도랑 턱에 놓여서 벽에 비스듬히 기댔다. 호흡은 끊인 듯도 보이나 이따금 이따금 입가에 게거품이 부글부글 끓어 나와서는 느른한 침이 되어서 뺨을 스쳐 타는 듯한 먼지 위에 떨어지는 것을보면 아직도 실날같은 목숨이 그 혈관에서 소리를 치는가보다. 그 게거품은 부그르 끓어오를 때마다 강렬한 일광에 반사되어서 프리즘처럼 오색이 영롱했다.

눈은 내가 보는 그 순간에도 두어 번이나 변했다. 처음에는 반성반안으로 보이더니 좀 보이던 검은자위가 위로 치솟으면서 노한 눈처럼 크게 뜨였다. 그때에 그의 콧구멍으로

선지 입으로선지 모기 소리만 한, 그러나 최후의 남은 힘을 다 부은 듯한 소리를 치면서 도랑에 떨어진 손을 경련적으로 미미히 흔들었다. 그 찰나 멀거니 보던 관중들은 뒤로 주춤하였다.

그러고 나서 좀 있다가 일광에 덴 듯이 보이는 배와 도랑에 떨어진 팔이 아까보다는 더 미미하게 한번 경련을 일으키면서 눈 가장자리가 두어 번이나 실룩거리더니 그 커다랗게 부릅뜬 눈에 보이는 것은 흰자위뿐이었다. 그러면서부터는 입술에 끓어 나오던 게거품도 더 나오지 않고 뜨거운 볕에 쪼여서 한 방울 두 방울 스러질 뿐이었다.

이제는 최후의 힘을 다하여 뛰던 그 심장이 쉬었는가? 그는 그 최후의 감각이 끊어지기 전에 무엇을 바랐던가? 그 눈은 무엇을 보고자 그렇게 움직였으며 그 팔은 무엇을 잡으려고 했던가, 또는 가리키려고 했던가? 그에게도 부모가 있었던가, 처자가 있었던가? 만일 그렇다면 그의 눈은 시각을 잃기 전에 그 부모와 처자를 보고자 했을 것이고, 그의 손은 혈도가 식기 전에 부모와 처자의 손목을 잡으려고 했을 것이다.

그가 마지막으로 남긴 그 미미하고도 속힘 있는 소리는 무엇이던가?

그는 어찌하여 여기 이렇게 쓰러져서 최후의 길을 밟게 되었는가?

굶었는가 병들었는가? 굶고 병든 몸이언만 그것을 누일 곳은 이 뜨거운 볕 아래 타 들어가는 길가밖에 없던가? 그의 머리맡에 던져진 빈 지게는 무엇을 말하고 있는가?

나는 이렇게 나와 같이 생을 받아 이 세상에 나왔던 한 개의 인간이 나왔던 자취도 없이 스러지는 것을 보았다.

목련─노천명

　아침에 눈을 뜨는 길로 문갑 위의 목련을 바라봤다.

　그윽한 향기가 방 안에 넘치는 것 같다. 재치 있는 붓끝으로 곱게 그려진 것 같은 미끈하고 탐스러운 잎사귀며 그 희고 도톰한 화판하며 볼그레한 꽃술하며, 보면 볼수록 품이 있고 고귀한 꽃이다. 그리고 무척 동양적이다. 내가 여학교 시대 자수 시간에 족자에다 이 목련이란 꽃을 수는 놓아 본 일이 있으나 보기는 처음인 것이다. 지난번 주일날 명륜동 조카 집엘 놀러 갔더니 돌아올 때 조카가 정원에서 꺾어 준 꽃이 이 목련이다. 전차와 버스를 타고 오는 동안 이 꽃을 위해 나는 얼마나 주의를 했는지 모른다.

어쩌면 이처럼 점잖은 꽃이 있을까? 몇 번을 감탄하고도 오히려 남음이 있어 좋은 벗이라도 와서 같이 보았으면 싶던 차에 오늘 아침 선이 와서 이 꽃을 보고 늘어지게 찬사를 던지고 갔다. 흰 나리꽃이 꽃 중에는 으뜸가는 줄 알았더니, 목련은 한층 격이 높음을 본다. 목련을 조용히 바라보고 있으면 옷깃이 여며진다.

사람도 이처럼 그윽하고 품이 있어지고 싶건만, 향기를 지닌 사람이 된다는 것 역시 쉬운 노력이 아님을 느낀다.

나팔꽃 — 김동석

 한 달이나 두고 날마다 바라보며 얼른 자라서 꽃 피기를 기다리던 나팔꽃이 오늘 아침에 처음으로 세 송이 피었다. 분에 심어서 사랑 담에다 올린 것이다. 가장자리로 삥 돌려 가면서 흰, 진보랏빛 꽃이다.

 안마당에다 심은 나팔꽃은 땅에다 심어서 그런지 햇볕을 더 많이 쪼여서 그런지 사랑 것보다 훨씬 장하게 자랐다. 그런데 꽃은 한 송이도 피지 않았다. 바야흐로 꽃망울이 자라고 있다.

 나는 시방 세 송이 나팔꽃을 바라보고 있다. 참 아름

답다. 하지만 나의 마음은 이에 만족하지 않고 안마당 꽃 피기를 바란다. 왜 그럴까. 세 송이 꽃이 부족해설까. 씨 뿌리고는 떡잎 나오기를 기다렸다. 떡잎이 나오니까 어서 원잎과 넝쿨이 나와서 자라기를 기다렸다. 이리하여 나의 마음은 나팔꽃 넝쿨의 앞장을 서서 뻗어 나갔다. 그러면 나의 마음은 꽃에 이르러 머물렀을까?

시방 내 눈앞에 세 송이 나팔꽃은 아침 이슬을 머금고 싱싱하다. 그러나 이 아침이 다 가서 시들고 말 거다. 그리하여 씨가 앉고 나면 나팔꽃이 보여 주는 극에 막이 내려지는 것이다. 그러나 그때에도 나의 마음은 나팔꽃 아닌 또 무엇을 추구하고 있겠지.......

마음은 영원히 뻗어가는 나팔꽃이다.

작가 소개

강경애(1907~1943)

황해도 장연에서 출생, 평양 숭의여학교와 서울 동덕여학교에서 수학했다. 졸업을 마치고 여성운동과 소설 창작에 전력하다가 37세의 나이로 세상을 떠났다. 작품으로는 주로 '원고료 이백원', '산남',' 소금' 등의 단편과 '어머니와 딸', '인간문제' 등의 장편이 있다.

계용묵(1904~1961)

본명은 하태용이며, 평북 선천에서 출생하였다. 1928년 일본으로 건너가 도쿄대학 동양학과에서 수학했다. 해방 후 정비석과 함께 잡지 '대조'를 창간했다. 단편 '백치아다다'는 널리 알려졌으며, 그외 수필집으로는 '상아탑'이 있다.

김동석(1913~?)

경기도 인천 출생으로 중앙고보를 다녔으며 졸업 후 경성제국대학 법학부 영문과에서 수학했다. 해방 후 평론가로 활동하다 월북했다. 그후의 소식은 알려진 바가 없으며, 평론집으로 '예술과 생활' '부르주아의 인간상' 등이 있으며 수필집으로는 '해변의 시'가 있다.

김동인(1900~1951)

김동인은 평남 평양 출생으로 일본 도쿄의 메이지학원 중학부를 졸업하고 가와비타미술학교를 중퇴하였다. 고국으로 돌아와 1919년 조선 최초의 순수문학 동인지인 '창조'를 발간하여 이광수와 함께 우리나라 근대문학을 이루는 데 큰 공을 세웠다. 해방 후 가산을 모두 탕진하여 극심한 생활고에 시달리다 한국전쟁 중에 서울에서 사망했다. 단편으로 '감자', '광염소나타' 등이 있고 장편으로는 '운현궁의 봄'이 있다.

김동환(1901~?)

함북 경성에서 출생한 김동환은 1925년 한국 문학 사상 최초의 서정시인 '국경의 밤'을 발표하여 문단에 충격적인 반향을 일으켰다. 그 밖에도 김동환은 '북청 물장사', '봄이 오면' 등의 시를 남겨 한국 현대시의 한 획을 그은 시인이며, 6·25 발발 후 납북되어 갖은 고초를 겪었다고 한다.

김상용(1902~1955)

김상용은 문단에 나서면서 시조, 민요시, 번역시 등을 썼으며, 무엇보다 그를 유명하게 한 것은 '남으로 창을 내겠소' 계열의 전원시들이다. 그는 해방후 관계에 나갔다가 이화여대에 교편을 잡기도 하였다.

김소운(1907~1981)

 부산에서 출생한 그는 옥성보통학교 4년을 중퇴하고 1920년 일본으로 건너가 동경 가이세중학교 야간부에 입학하였다가 1923년 관동대지진으로 중퇴하였다. 조국에 돌아와서는 아동교육에 힘쓰다가 1952년 국제예술가 대회에 참가하기도 하였으며 번역에도 많은 열성을 기울였다. 그리고 한국의 수필문학에 많은 공을 세웠으며 작품으로는 '목근통신', '삼오당잡필' 등이 유명하다.

김용준(1904~1967)

 김용준은 경북 선산 출생으로 경성중앙고보를 거쳐 도쿄미술대학교 서양화과를 졸업했다. 해방후 1950년에 월북하여 평양미술대학 교수 및 조선미술가동맹, 과학원 연구원 등으로 활동했으며. 수필집으로는 '근원 수필'이 있다.

김유정(1908~1937)

강원도 춘천에서 출생하여 휘문고보를 거쳐 연희전문에서 수학했다. 그는 29세로 요절하기까지 가난과 폐결핵으로 시달리면서도 우리문학사에 빛나는 주옥 같은 단편들을 남겼다. '소낙비', '금따는 콩밭', '봄봄', '동백꽃' 등 주로 농촌을 소재로 한 단편을 많이 썼으며, '형',' 따라지' 등의 자전적 소설도 남겼다.

김진섭(1903~1950)

전남 목포 출생으로 양정고보를 졸업한 후 일본으로 건너가 호세이대학 독문학과를 졸업했다. 돌아와 외국문학자들의 문학동인지인 '해외문학'에 참여했으며, 이후 극예술연구회에서 도서관원으로 일했으며, 한국전쟁 중에 납북되었다. 수필집으로 '인생예찬' '생활인의 철학' 등이 있다.

나도향(1902~1927)

　서울 용산 출생으로 배재고보를 거쳐 경성의전에서 수학했다. 1921
년 '백조' 동인으로 활동하면서 소설을 쓰기 시작하여 짧은 생애 동
안 '청춘', '어머니', '환희' 등의 장편과 단편 '물레방아', '뽕', '벙
어리 삼룡이' 등을 남기고 폐결핵으로 요절했다.

　노자영(1898~1940)

황해도 장연 출생으로 니혼대학 문과에서 수학했으나 건강이 좋지않
아 일찍 귀국하여 기자 생활을 하다. 1921년 '장미촌', '백조' 창간
동인으로 활동하였다. 이후 시와 소설, 수필 등 ,작품활동을 활발히
하다가, 1940년 41세의 나이에 병이 들어 사망하였다..

민태원(1894~1939)

민태원은 충남 서산에서 출생, 일본 와세다대 정치학과를 나왔으며 귀국하여 중외일보, 조선일보 편집국장 등 언론사를 두루 거쳐 '레미제라블'을 매일신보에 번안 소설로 발표하였으며, 그외 작품으로는 '부평초', '소녀', '갑신정변과 김옥균' 등이 있다.

백신애(1908~1939)

경북 영천 출생으로 경북사범학교 강습과를 나와 2년동안 교사로 근무했다. 이후 서울로 올라와 여성운동에 뛰어들었으며, 1928년 조선일보 신춘문예에 당선되어 여성작가로서 활동하며 '복선이', '채색교', '약부자' 등을 발표하였고, 이외에도 수필과 기행문 등 많은 작품을 남겼으며, 1939년 6월 췌장암으로 사망하였다.

이광수(1892~1950)

 평북 정주 출생으로 일찍 일본 메이지 중학교에 유학하고 돌아와 오산학교에서 교편을 잡았다. 그후 다시 도일하여 와세다 대학 철학과를 졸업하고 돌아와 동아일보 편집국장과 조선일보 부사장을 지내는 등 언론사 간부로 활동하였으며, 현대문학 초기에 많은 작품을 발표하였다. 그러나 일제말기에서의 적극적인 친일행각으로 인해 많은 비난을 받았고, 6·25때 북한으로 끌려가 많은 고초를 받은 끝에 사망한 것으로 알려졌으며, 작품으로는 '무정', '사랑', '흙' 등의 장편소설과 '이차돈의 사' 등 다수의 역사 소설을 발표하였다.

 이양하(1923~?)

 평남 강서 출생으로 평양 고등보통학교를 졸업하고 일본으로 건너가 도쿄제국대학 영문과를 졸업하였으며 귀국하여 연희전문학교에 재직하엿다. 이후 서울대학교 교수, 미국 하버드대학에서 영문학을 연구 ,

돌아와 다시 서울대학교에서 재직하였다. 작품으로는 옆'나무', '신록예찬' '페이터의 산문' 등 다수의 작품이 있다.

이태준(1904~?)

강원도 철원 출생으로 휘문고보를 거쳐 일본 조치 대학에서 수학했다. 이상, 정지용과 함께 구인회를 이끌었고, 해방 후 조선문학가동맹에 참여하다 월북했다, 작품으로는 '달밤, 복덕방 해방전후' 등 많은 작품을 남겼다,

이효석(1907~1942)

강원도 평창에서 출생하였으며, 경성고보를 졸업하고 경성제대 법학부 영문과를 졸업했디. 동반자 작가로 활동하다 구인회에 참여하였으며, 평양에서 교편을 잡고 생활하던 중 뇌막염으로 사망했다. 이태준과 더

불어 대표적 단편작가로 꼽힌다. 작품으로 '메밀꽃 필무렵' 등이 있다.

주요섭(1902~1972)

평양 출생으로 숭실중학, 도쿄야마 학원을 거쳐 중국 호강 대학을 졸업, 미국 스텐퍼드 대학을 졸업했다. 귀국하여 학교와 언론사 등을 거쳐 1972년에 사망했다. 작품으로는 '사랑손님과 어머니', '아네모네 마담' 등이 있다.

채만식(1902~1950)

채만식은 전북 군산 출생으로, 와세다 대학 영문학과를 중퇴하였다. 귀국하여 조선일보, 동아일보 기자를 하였으며, 작품으로는 '치숙, 레디메이드인생'과 '탁류', '태평천하' 등 장편이 있다. 채만식의 소설은 계급적 관념의 현실인식 감각과 전래의 구전문학 형식을 오늘에 되살리는 특유의 서술형식을 창조하였다.

한용운(1879~1944)

그는 승려로서 3·1 독립운동 당시 민족 대표 33인중 한 사람으로 많은 시를 발표하였다. 또 그는 시를 통해 민족의 암울한 삶을 초극하여 밝은 미래를 예언하였다.

현진건(1900~1943)

그는 대구 출생으로 도쿄 독일어 학교를 졸업하고 중국 상하이 외국어 대학에서 수학했다. 동아일보 사회부장으로 근무할 때 일장기 말살 사건으로 1년간 복역하기도 했다. 작품으로는 '빈처', '운수 좋은 날',' 술 권하는 사회' 등이 있다.

한국 명수필선

초판 발행 2022년 12월 10일

작가 계용묵 외

교정 하연정 최성원

펴낸이 서영희 | 펴낸곳 와이 앤 엠

본문 인쇄 애드그린 인쇄 | 제책 세림 제책

주소 120-100 서울시 서대문구 홍은동 376-28

전화 (02)308-3891 | Fax (02)308-3892

E-mail yam3891@naver.com

등록 2007년 8월 29일 제312-2007-00004호

ISBN 979-11-978721-1-2 63710

본사는 출판물 윤리강령을 준수합니다.